Lumina

Arbeitsheft FRÜH 2

zu den Lektionen 13–26

von Ursula Blank-Sangmeister, Hubert Müller,
Helmut Schlüter, Kurt Steinicke

Vandenhoeck & Ruprecht

ISBN 978-3-525-71049-4

Satz: Schwarz auf Weiß GmbH, Hannover
Die Zeichnungen stammen von Dietmar Griese, Laatzen.
Druck und Bindung: ⊕ Hubert & Co, Göttingen.

13

13,1 *Übersetze in dein Heft.*

De equo ligneo

Graeci multos annos frustra cum Troianis pugnabant neque urbem eorum capiebant; iam de victoria desperabant. Tum Ulixes Troianis dolum paravit: Graecos magnum equum ligneum parare iussit; in eo milites fortissimos posuit. Sinonem, virum callidum, cum equo in litore manere et Troianos exspectare, ceteros Graecos litus relinquere et se occultare iussit.

equus: Pferd
ligneus: hölzern
annus: Jahr
frustra: vergeblich
desperare: verzweifeln
dolus: List
fortissimi: die tapfersten
callidus: schlau
litus, litoris n.: Strand
se occultare: sich verbergen

13,2 *Weil – als plötzlich – obwohl – immer wenn: Was stimmt nun?*

Prüfe die schräg gedruckten Wörter, ob sie richtig und sinnvoll in den Sätzen stehen und ersetze sie, wenn erforderlich, durch eine passende Konjunktion. Übersetze dann die Sätze.

1. Theophilus, *quod* Tullia saepe peccabat, eam non vituperavit.
2. Quintus, *quamquam* Ciceronem visitabat, bene cenabat.
3. Iam turba amicorum gaudebat et Remum regem esse clamabat, *quod* Romulus advolavit et clamavit: »Mihi duodecim aves apparuerunt!«
4. Faustulus, *cum* pueros educavit, pater eorum non erat.

13,3

abducis	abducebas	abduxisti

Vervollständige die Zeilen.

	censebamus	
exponunt		
		decepit
	credebatis	
	promittebam	
respondent		
effugio		
	erat	
		dixerunt
iubes		

13,4 *Ersetze die schräg gedruckten Wörter durch passende Nomina.*

1. Iuno *id* Paridi promisit. ....

2. *Eae* Paridi placebant. ....

3. Venus *eam* mulierem pulcherrimam esse dixit. ....

4. Paris fidem uxoris *eius* sollicitavit. ....

5. *Is ei* vitam iucundam in urbe Troianorum promisit. ....

6. Helena *ei* epistulam ad Paridem mandavit. ....

7. Alypius a crudelitate *eorum* abhorruit. ....

13,5 *Aus vielem mach eins!*

Dei Troianis et multa bona et multa mala paraverunt. *Was haben die Götter den Trojanern bereitet? »Viele Gute … viele Schlimme«? So redet doch keiner im Deutschen, sondern: »Viel Gutes und viel Schlimmes«.*

Übersetze.

1. Marcus post orationem senatoris »Nonnulla mihi placuerunt«, inquit, »alia mihi non placuerunt.«
2. Dei hominibus futura praescire[1] non dederunt[2].
3. Ein Philosoph, der aus einer eroberten Stadt fliehen und all seine Habe zurücklassen musste, sagte: »Das macht mir nichts aus, denn *cuncta mea mecum porto*.« – Wie ist das zu verstehen?

[1] praescire: vorauswissen [2] dare: *hier:* gewähren

....

....

....

....

....

13,6 *Ordne die Wörter im Kasten den schräg gedruckten Teilen der Sätze zu.*

cetera – multa stulta – nonnulla – multa – vera sunt

1. Der Redner hat *viel dummes Zeug* geredet. ....
2. Was ich berichtet habe, *ist eine wahre Geschichte*. ....
3. Aus dem Schiffbruch wurde *viel* an Land geschwemmt. ....
4. Ich habe dir *einiges* erzählt,
das Übrige kannst du dir selber denken. ....

13,7 *Alles EEEE – – – !*

scelere – vale – complere – domine – caede – manere – re – posuisse – ubique – optime – eme – saepe – posse – die – de – hodie – orbe – e – postridie – responde – denique – prope – bene – time – sine – fuisse – fortasse – Marce – fere – patre – fide – censuisse – respondere – bibe

Alles eins??? — *Keinesfalls! Ordne in die Spalten ein (manche Wörter gehören in zwei Spalten).*

Imperativ	Infinitiv Präsens	Infinitiv Perfekt

Ablativ	Vokativ	Adverb	Präposition

14

14,1 *Übersetze in dein Heft.*

Laocoon et Cassandra monent

Graeci litus reliquerant, Sino solus prope equum ligneum sedebat, cum Troiani ex urbe venerunt, equum viderunt, stupuerunt, hostes non iam adesse viderunt, Sinonem de ea re interrogaverunt. Sino, ut Ulixes ei mandaverat, Graecos domum navigavisse equumque Minervae et Neptuno sacrum in litore reliquisse narravit. Troianos eum in urbem trahere iussit.

Sed Laocoon, Neptuni sacerdos, et Cassandra, Priami regis filia, magna voce monuerunt, ne id facerent. Equum urbi Troianorum perniciei futurum esse iterum iterumque clamabant, cum subito anguis ingens in litore apparuit, cunctis terrori fuit; Laocoontem corripuit, necavit.
Id omen Troianos terruit. Equum in urbem trahere non iam dubitaverunt.

monere: warnen
litus, litoris n.: Küste
ligneus: hölzern
ut: wie
navigare: segeln
Laocoon, Laocoontis: Laocoon
monuerunt, ne id facerent: »sie warnten davor, das zu tun«
futurum esse: »es werde … sein«
anguis ingens: Riesenschlange
corripere, Perf. corripui: packen
omen, ominis n.: (böses) Vorzeichen

Was soll die Form der Sätze Zeile 3–4 und Zeile 12 in diesem Text andeuten?

....

....

....

14,2 *Der gehört doch nicht zu uns! — Das stimmt, aber er bekommt trotzdem einen Ehrenplatz.*

1. Ulixes, Menelaus, Idomeneus, Faustulus, Sino, Laocoon, Priamus
2. Mars, sacerdos, Laocoon, Neptunus, pastor, Iuppiter, sacer
3. nuntius, urbs, geminos, labor, finis, ager, ego, homo
4. audit, salit, relinquit, servavit, redit, rapit, obit, munit, ferit, sinit, aperit

Die nicht in die Reihen passenden Wörter ergeben, aneinander gereiht, einen Satz. Welchen?

....

....

14,3 *Wir können schon mit vier Tempora jonglieren!*

Vervollständige die Zeilen.

do	dabam	dedi	dederam
exponit			
		descendisti	
	metuebam		
videmus			
			rapuerant
		successit	
abeo			
	adiuvabamus		
accipiunt			
		vicit	
	iaciebant		
credo			

14,4 *Trage in die hellen Felder die Namen der unten beschriebenen Persönlichkeiten ein. Zur Kontrolle: Die stark umrandete Spalte nennt den Mann, in dessen Roman sie alle vorkommen.*

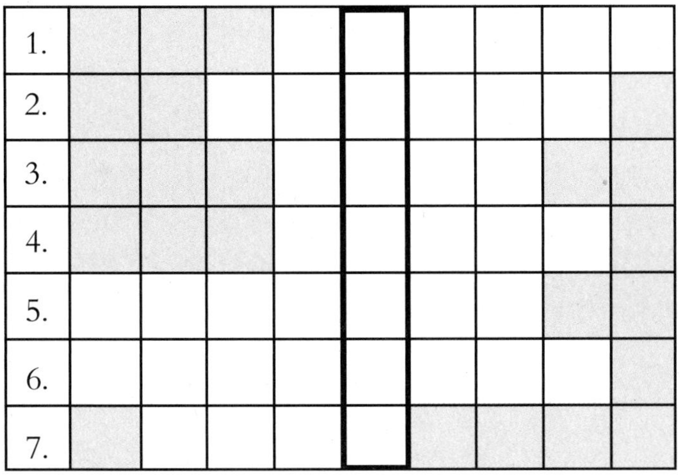

1. Auf *ihrer* Hochzeit mit Peleus begann das ganze Unheil.
2. *Er* machte die Musik und sah dabei in die Zukunft.
3. *Der Kleine* hatte Flügel und wich nie von der Seite der Mutter.
4. Manchmal war *sie* knapp bei Kleidung.
5. Was will *die* bloß immer mit Helm und Speer?
6. *Er* war ein Gott, der gern in feuchter Umgebung lebte.
7. Der einzige Anzug, den *er* besaß, der war auch noch aus Blech.

15

15,1 *Übersetze in dein Heft.*

Aeneas Troia fugit

Troiani, postquam equum in forum urbis traxerunt, victoriam celebrabant; cantabant, laeti erant. Ubi nox venit, cuncti sine cura dormiebant. Etiam Aeneas cum amicis victoriam celebraverat; somnum capiebat, cum media nocte flammis et clamore militum e somno excitatus est. Vidit hostes urbem invasisse, domos templaque ardere. Statim arma cepit et in pugnam properabat. Sed in itinere Venus, mater eius, eum retinuit et ex urbe fugere iussit: »Frustra in pugnam periculumque properas, Aenea, nam dei interitum Troiae constituerunt. Relinque urbem! Iuppiter te novam patriam quaerere iubet.« Aeneas matri paruit et, ubi cum patre et filio Troiam reliquit, statim cum paucis sociis navem conscendit.

flamma: Flamme
excitatus est: er wurde geweckt
domos (Akk. Pl.): Häuser
templum: Tempel

frustra: vergeblich

interitum (Akk. Sg.): Untergang

conscendere, Perf. conscendi: besteigen

15,2 *Setze aus den angegebenen Konjunktionen eine passende ein und gib die Semantik des adverbialen Gliedsatzes an. Übersetze dann die Sätze in dein Heft.*

quamquam – ut – quod – ubi – si – cum

1. Troiani equum non deleverunt, ... Cassandra eos monuerat[1]. (........................)
2. Troiani, ... hostes urbem deleverunt, in Italiam iter fecerunt, ... Iuppiter iusserat. (.................................) (..................................)
3. Aeneas iam oram Italiae videbat, ... tempestas iter impedivit[2]. (............................)
4. Aeneas, ... tempestas coorta est[3], naves ad oram Africae appellere[4] iussit. (..................................)
5. Dido, ... urbem novam aedificabat, hospites Carthagine manere invitavit: » .... urbs nova vobis placet, in ea nobiscum manere licet.« (........................) (...........................)
6. Aeneas, ... Didonem amabat, Iovi paruit et Africam reliquit. (...............................)
7. Dido, ... Aeneam amabat, maesta et irata erat, ... Aeneas Carthaginem reliquit. (..................................) (..................................)

[1] monere: warnen [2] impedire: hindern, verhindern [3] coorta est: es erhob sich [4] appellere: (ein Schiff) lenken

15,3 *Du liebe Zeit! – Wie viele Vokabeln, die Zeitangaben machen, hast du bis Lektion 15 schon gelernt? Es müssten über zwanzig sein. Fangen wir an:* hora – cras – postridie …

....	....	....
....	....	....
....	....	....
....	....	....
....	....	....
....	....	....

15,4 *Das ist doch nicht zu glauben, wie viele verschiedene* **is** *es gibt! — Ordne in die Spalten ein (manche Wörter gehören in mehrere Spalten).*

virtutis – invenis – satis – finis – is – quaeris – scis – quis – vixistis – itis – cladis – divitiis – roboris – istis – audis – navis – servis – gentis – vicis – timidis – itineris – aperis – retinetis

Nominativ	Genitiv	Dativ/ Ablativ	2. Pers. Sg.	2. Pers. Pl.	Adverb

15,5 *Menschenkenntnis ist gefragt! Mindestens zwanzig Substantive kennst du, die Menschen bezeichnen. – Wirklich? – Fangen wir an:* amicus – homo – latro …

....

....

....

....

....

....

15,6 *Das große Sagenquiz: Nur* eine *Aussage ist richtig. Markiere den Buchstaben vor der Zeile.*

1. a) Das hölzerne Pferd ist eine Erfindung Homers.
   b) Das hölzerne Pferd wurde in Troja wieder ausgegraben und bei den Ruinen aufgestellt.
   c) Das hölzerne Pferd ist eine Sage, die darauf hinweist, dass Troja von Reiterkriegern erobert wurde.

2. a) Die Burg Troja hat es nie gegeben.
   b) Die Burg Troja überwachte die Schifffahrt vom Mittelmeer zum Schwarzen Meer.
   c) Die Burg Troja lag im Süden der heutigen Türkei.

3. a) Die Göttin Minerva war die Kriegsgöttin der Römer.
   b) Minerva war die Göttin der Künste und des Handwerks und Schutzherrin der Städte.
   c) Minerva war Göttin der Jagd und wurde deswegen immer mit einem Speer abgebildet.

4. a) Helena war Königin von Mykene.
   b) Helena war Trojanerin.
   c) Helena war die Frau des Königs von Sparta auf der Halbinsel Peloponnes.

5 a) Mercurius war ein römischer Gott, dem kein griechischer Gott entsprach.
   b) Mercurius war der älteste Gott und Vater aller anderen Götter.
   c) Mercurius war als Gott der Wege auch ein Gott der Diebe und Räuber.

6. a) Der römischer Diktator Caesar behauptete, ein Nachkomme der Göttin Venus zu sein.
   b) Der römische Dichter Vergil behauptete, ein Nachkomme Homers zu sein.
   c) Kaiser Augustus behauptete, ein Nachkomme des Remus zu sein.

16

16,1 *Übersetze in dein Heft.*

Aeneas in Tartarum descendit

Aeneas, postquam Didonem reliquit, navibus oram Italiae petivit. Ibi in Tartarum descendere constituit, quod Sibylla vates eum animam patris Anchisae quaerere iusserat: »Is tibi viam in patriam novam praedicet.« Aeneas, postquam cum Sibylla iter per loca obscura fecit, tandem animam Anchisae invenit. Frustra eam complectebatur, umbram patris capere non potuit. Qui, postquam filio multa de futuris pugnis narravit, monstravit ei animam Romuli, futuri conditoris urbis Romae; monstravit ei denique animam imperatoris Augusti: »Is vir, e gente tua natus, olim in orbe terrarum aurea saecula cum concordia paceque condet.«
Tum Aeneas, ut dei iusserant, iter in Latium fecit.

Sibylla vates: Sibylle *(eine Prophetin)*
anima: Seele
praedicet: »er wird voraussagen«
loca (n. Pl.): Gegenden
frustra: vergeblich
complectebatur: »er versuchte zu umarmen«
qui: hier: dieser
conditor: Gründer
imperator: Kaiser
natus: geboren
aurea saecula condet: »er wird das goldene Zeitalter begründen«

Welche Vorstellung hatten die Römer und Griechen von der menschlichen Seele? Wozu war sie imstande, wozu nicht?

....

....

....

....

16,2 Magister Tulliam laudat. — Tullia a magistro laudatur.

Setze das Aktiv ins Passiv und umgekehrt.

1. Sino Graecis signum dedit. ....
2. .... Aeneas in itinere a Venere retentus est.
3. .... Troia a Graecis deleta est.
4. Mercatores vina magna voce laudabant. ....

5. Dominus vilicum vituperat. ....

6. Romani muros altos aedificaverant. ....

16,3 *Übersetze und bestimme die Semantik der Ablative.*

1. Romulus in Palatio, Remus in Aventino cum amicis sedebant et aves observabant[1], nam rem augurio disceptare cupiebant.
2. Postea fratres armis certaverunt; Romani ea controversia fratrum valde terrebantur.
3. Sabini cum uxoribus liberisque die ludorum Romam convenerunt et magno cum gaudio[2] ludos spectabant, cum subito virgines Sabinorum a viris Romanis raptae sunt.
4. Parentes Sabini irati ex urbe fugerunt.
5. Romulus, quod magna gloria regnaverat, post mortem pater patriae appellabatur.

[1] observare: beobachten [2] gaudium: Freude

....

....

....

....

....

....

....

....

....

Ordne die Ablative, die in diesen Sätzen vorkommen, in die Liste ein.

Abl. loc. .... Abl. instr. ....

Abl. temp. .... Abl. mod. ....

Abl. soc. .... Abl. causae ....

Abl. sep. ....

16,4 *Trage in die hellen Felder das Gegenteil oder die Entsprechung der unten angegebenen Wörter ein.*

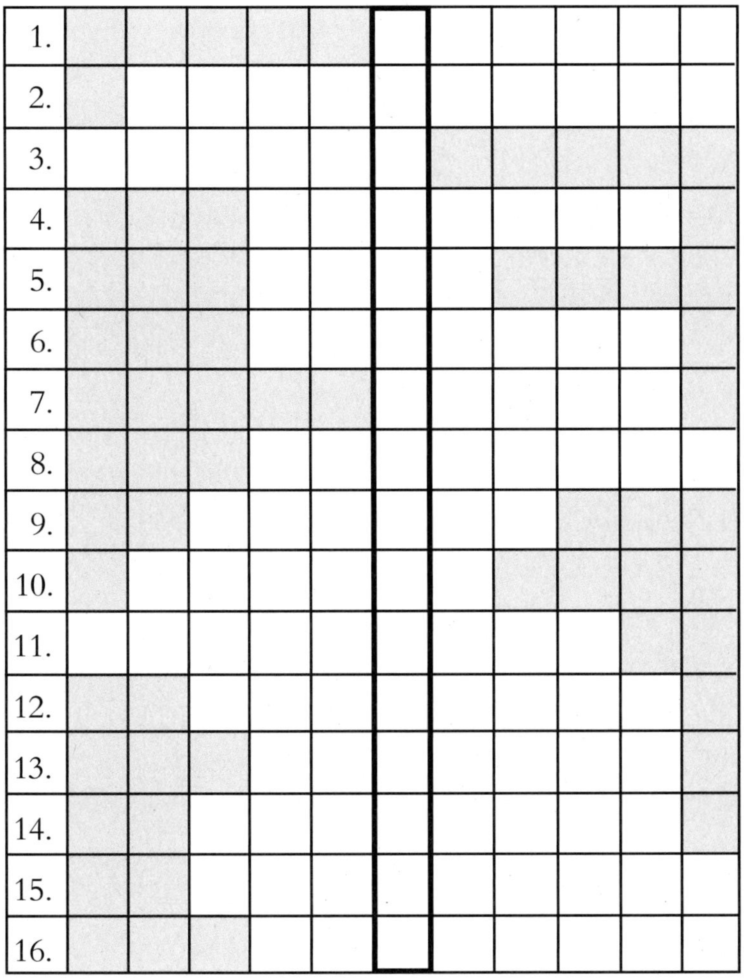

1. indigere
2. interrogare
3. pax
4. dubitare
5. accipere
6. vituperare
7. ignorare
8. quaerere
9. minuere
10. clamare
11. dimittere
12. dormire
13. frigidus
14. incitare
15. complere
16. incipere

Zur Kontrolle: Die Buchstaben in der stark umrandeten Spalte ergeben die Namen zweier großer Dichter.

16,5 *Eine der geraubten Sabinerinnen in Rom wollte zwischen Römern und Sabinern Frieden stiften. Sie sandte eine Botschaft an ihren Vater in Sabinien.*

Die Botschaft lautete:

ETINEV MAMOR ITAMRA ETICAF MECAP MUC
SINAMOR MAN SUMAMA SOTIRAM SONAMOR

Kannst du sie entziffern? Die Wörter als solche stimmen, sie sind nur ein bisschen verdreht. Auf den Dörfern sprach man nämlich noch das alte Sabinisch rückwärts.

....

....

....

17

17,1 *Übersetze in dein Heft.*

Menenius plebem ad concordiam monet

Olim res Romana discordia hominum magno in periculo erat. Nam patriciis agri cuncti divitiaeque erant, plebi aere alieno vexatae spes nulla erat. Itaque plebs Romam relinquere constituit. Viri armati cum feminis liberisque in colle proximo castra posuerunt. Patricii ea re territi consuluerunt: »Magno sumus in periculo, nam urbem sine militibus plebeiis defendi non posse scimus.« Itaque nonnulli senatores in castra plebeiorum missi sunt; unus ex iis, Menenius Agrippa, a patriciis oratus plebeiis eam fere fabulam narravit:

»Aliquando membra corporis laborare et ventri cibum apportare desierunt: ›Venter labore nostro semper bene vivit neque ipse laborat. Si ei servire desinimus, etiam venter laborare cogitur.‹ Ita egerunt. Sed mox robur totius corporis paulatim minuebatur.«

Tum Menenius »Nonne videtis, cives«, inquit, »etiam nos Romanos, quasi unum corpus, sine concordia cunctorum membrorum valere non posse?« Ea oratione commota plebs Romana in urbem rediit.

monere: ermahnen
discordia: Streit
aere alieno: durch Schulden
castra, castrorum: Feldlager
defendere: verteidigen
plebeius, a, um: plebejisch; Plebejer
fabula: Fabel
membrum: Glied
venter, ventris m.: Magen
cibus: Speise
ipse (Nom. Sg.): er selbst
servire: dienen
quasi: gleichsam

1. *Deute die Fabel des Menenius. Wer ist mit* corpus, *mit* venter *und mit* membra *gemeint?*
2. *Was meinst du: Ist die Sichtweise eines Staates als »Körper« auf eine Republik anwendbar? Was unterscheidet den Körper eines Menschen von einer Gesellschaft von Bürgern?*

....

....

....

....

....

17,2 Die *und* der *kommen beim* Gehen *ins Stolpern. Übersetze alle Bedeutungen von:*

it .... itis ....

id	....	eas	....
iit	....	itis	....
ii	....	i	....
iis	....	ea	....
eo	....		

17,3

Diese Sätze kann man erweitern. Suche aus den unten stehenden Erweiterungen eine passende aus und übersetze die Sätze in dein Heft.

1. Paris pomum aureum Veneri dono dedit. — **pomum aureum**: der goldene Apfel
2. Epistula Paridi placuit.
3. Helena primo gaudebat, postea dolebat.
4. Sino Troianis multa et falsa narravit.
5. Equus Cassandram timore complevit.
6. Menelaus valde doluit.
7. Plebs urbem reliquit.
8. Menenius Plebeios fabula ad concordiam commovit. — **fabula**: Fabel

ad plebem missus – in forum urbis tractus – a Helena scripta – Troiam abducta
ab Ulixe respondere prohibitus – miseria coacta – a Mercurio acceptum
solus in litore relictus — **litus**, litoris n.: Strand

17,4

Jetzt wird Jagd gemacht auf das -us *! Ordne in die Spalten ein.*

flevimus – corpus – ludus – hominibus – invenimus – victus – vulnus – virtus – murus – impius – nuntius – amatus – amamus – inceptus – munus – movimus – hortus – apertus – vulneribus – diebus – tempus

Nom. m./f.	Nom./Akk. n.	Dat./Abl. Pl.	1. Pers. Pl.	PPP Nom. Sg. m.

17,5 *In Rom werden dieser Tage Tests in Staatsbürgerkunde geschrieben. Wer will, kann freiwillig mitmachen. Nur eine Aussage ist richtig. Markiere den Buchstaben vor der richtigen Antwort.*

1. a) Die Zwölftafelgesetze wurden von etruskischen Priestern geschrieben und den Römern übergeben.
   b) Sie wurden von zehn römischen Bürgern verfasst.
   c) Die Bronzetafeln mit den Zwölftafelgesetzen wurden auf dem Forum ausgegraben und als göttliches Recht von den Römern übernommen.

2. a) Patrizier nannten sich alle römische Familienväter.
   b) Patrizier waren adlige Grundbesitzer, die schon zur Königszeit Vorrechte im Staat hatten.
   c) Patrizier nannten sich die Römer, die auf ihren Villen in der Toscana lebten.

3. a) Die römische Republik kannte die allgemeine Wehrpflicht.
   b) In der römischen Republik durften nur adlige Krieger Waffen tragen.
   c) Wer arm war, wurde von der Wehrpflicht befreit.

4. a) Die Plebejer hatten in den Volkstribunen ihre eigene Regierung und brauchten den adligen Konsuln nicht zu gehorchen.
   b) Die Volkstribunen konnten mit ihrem »*Veto!*«, wenn sie wollten, die Staatsverwaltung lahm legen.
   c) Die Volkstribunen waren nur für die Sozialfürsorge der Plebejer zuständig.

5. a) Plebejer durften das Senatsgebäude der adligen Senatoren nicht betreten.
   b) Plebejer wurden Senatoren, wenn sie in ein Staatsamt gewählt worden waren.
   c) Plebejer hatten ihre eigene Religion mit eigenen Göttern und eigenen Priestern.

6. a) Ein Gläubiger konnte in Rom einen Schuldner ohne weiteres verhaften und einsperren.
   b) Ein Gläubiger durfte einen Schuldner nur nach einem Gerichtsurteil einsperren.
   c) Ein Gläubiger konnte einen eingesperrten Schuldner solange hungern lassen, bis er seine Schulden bezahlt hatte.

Lösungen zum Arbeitsheft

1,1 Der Lehrer Theophilus diktiert. Tullia schreibt, sie schreibt gern. Deshalb macht sie keine(n) Fehler. Was macht Quintus? Auch der Schüler Quintus schreibt. Auch Quintus schreibt sehr gern. Auch Quintus macht keine(n) Fehler. Daher tadelt Theophilus ihn nicht, sondern er lobt ihn. Der Lehrer lacht und denkt: »Die Arbeit macht großen Spaß! Warum kann sie nicht immer Spaß machen?«

1,1,1 Theophilus selbst, Tullia und Quintus.

1,1,2 Tullia und Quintus schreiben beide gern (scribit, scribere amat; scribit, scribere valde amat); sie machen keinerlei Fehler (non peccat), so dass Theophilus nicht tadeln muss, sondern nur lobt (non vituperat, sed laudat). Die Arbeit macht Theophilus richtig Freude (ridet; valde delectat).

1,2 S. Lektionstext.

1,3 a) Quintus b) Quintus oder Theophilus c) Theophilus d) Tullia e) Theophilus f) Tullia g) Quintus h) Theophilus.

1,4 a) labor (ist keine Person) oder puella (einziges Femininum); b) sed (ist kein Fragewort); c) et (ist kein Adverb); d) vituperat (alle anderen Verben sind Tätigkeiten der Schülerinnen und Schüler).

1,5 Z.B. ridere amat; bibere amat; imperare amat ...

1,6 a) falsch b) wahr c) falsch d) falsch e) wahr f) falsch g) wahr h) wahr.

1,7 1 be**n**e – 2 scr**i**bere – 3 ni**h**il – 4 cog**i**tare – 5 **c**lamor – 6 am**a**t – 7 le**g**ere – 8 **s**ed – 9 cu**r** – 10 tac**e**re: nihil agere.

1,8 legere; est; non; agere; sed; cur; amare; quis; iam; clamare; et.

1,9 Das Lateinische kennt keinen Artikel; d.h., man muss beim Übersetzen stets überlegen, ob der bestimmte oder unbestimmte Artikel oder ein besitzanzeigendes Fürwort passt. Das Deutsche und Englische haben einen Artikel; während dieser im Englischen immer gleich bleibt, wird er im Deutschen verändert. Auch ein feminines Substantiv (Mädchen) kann allerdings einen sächlichen Artikel bekommen. Das Englische erscheint uns daher in dieser Hinsicht am einfachsten.

1,10 Tullia diktiert und diktiert und diktiert. Theophilus schreibt und schreibt und schreibt. Er macht oft (einen) Fehler. Deshalb kritisiert ihn Tullia sehr; sie schreit sehr. Was macht Theophilus? Theophilus weint. Das Lernen macht ihm keinen Spaß. Tullia schreit nicht mehr, sondern schweigt und denkt: »Weinen nützt nicht(s). Arbeit nützt. Theophilus ist ein Dummkopf.«

1,10,1 Tullia, Theophilus

1,10,2 Subjekte: Tullia, Theophilus, Tullia, Theophilus, Theophilus, studium, Tullia, flere, labor, Theophilus. Prädikate: dictat et dictat et dictat, scribit et scribit et scribit, peccat, vituperat, clamat, facit, flet, delectat, clamat, tacet, cogitat, prodest, prodest, stultus est.

1,10,3 Tullia hat die Rolle des Lehrers Theophilus übernommen (deshalb passt die Überschrift sehr gut). Sie diktiert und diktiert und diktiert, tadelt den Lehrer, schreit laut; als dieser weint, denkt sie sich ihren Teil. Theophilus hat die Rolle des Schülers übernommen; er schreibt und schreibt und schreibt, macht Fehler und weint, als er getadelt wird.

1,10,4 Männer: Theophilus, discipulus, magister. Frauen: Tullia, puella. Sachen: studium, labor, clamor.

2,1 Theophilus schreit nicht ... – Quintus ist Schüler. Heute geht er nicht in die Schule, sondern aufs Forum. Theophilus wartet auf Quintus – aber Quintus kommt nicht. Auch der Senator Marcus Tullius Cicero geht aufs Forum. Plötzlich sieht er Quintus; auch Quintus sieht den Senator. Marcus tadelt Quintus und schreit laut. Quintus hört dem Senator nicht zu; denn er läuft schnell in die Schule. Theophilus erwartet Quintus, er grüßt (ihn), er tadelt Quintus nicht, er schweigt. Quintus denkt: »Warum schreit Theophilus nicht?« Heute schreibt Quintus sehr eifrig, heute macht er keine(n) Fehler, heute lernt er gern.

2,1,1 Marcus ertappt Quintus, wie er die Schule schwänzt.

2,1,2 Sobald Quintus ihn sieht, rennt er davon und hört gar nicht mehr, wie Marcus schreit.

2,1,3 Weil er ein schlechtes Gewissen hat, strengt er sich in der Schule besonders an.

2,1,4 Der Lehrer könnte froh sein, dass Quintus nichts zugestoßen ist, oder er merkt, dass Quintus ein schlechtes Gewissen hat, und drückt ein Auge zu, weil er weiß, dass Quintus sich nun umso mehr anstrengen wird.

2,2 puellam, aquam, puerum, discipulum, senatorem, cenam, servum, clamorem, studium, curiam, filium, forum, fratrem, vinum, laborem, magistrum, provinciam, tabulam.

2,3 est, it, exspectat, delectat, audit, gaudet, agit, laborat, manet, prodest, salutat, docet, interrogat, discit.

2,4 a) C b) E c) N d) A = CENA.

2,5

Nom.	clamor das Geschrei	discipulus der Schüler	puer der Junge	vinum der Wein	senator der Senator	puella das Mädchen
Gen.	des Geschreis	des Schülers	des Jungen	des Weines	des Senators	des Mädchens
Dat.	dem Geschrei	dem Schüler	dem Jungen	dem Wein	dem Senator	dem Mädchen
Akk.	clamorem das Geschrei	discipulum den Schüler	puerum den Jungen	vinum den Wein	senatorem den Senator	puellam das Mädchen

2,6 Z.B. Provincia Tullium valde delectat. Itaque frater vinum apportat. Magister Tulliam libenter interrogat. Forum Marcum valde delectat. Filius servum salutat. Discipulus ad magistrum venit. Marcus in curiam it. Tullia hodie libenter legit. Quintus discipulus est. Tullius hodie domi manet. Cur servus ridet? Puer tabulam apportat.

2,7 a) S. Lehrbuch S. 17, Text Quintus Marcum visitat Zeile 1–11.
b) S. denselben Text, Zeile 12–22.

2,8 cena; Fleisch; Getreide und Gemüse; Mehl, Wasser, Salz; Hand; lag; Speisesofa (lectus); Speisezimmer mit drei Liegen; am Tisch liegen; saßen auch die Sklaven mit am Tisch.

2,9 Alle Infinitive, die auch in Übung 1,5 eingesetzt werden konnten (dort als Objekt, hier als Subjekt).

2,10 tum, maxime, mox, ita, apportare, visitare, quid, curia, nam, ad, puella, post, puer, valde, salutare, docere, aqua, ire, cena, vinum, et, sed.

2,11 Marcus Tullius Cicero besucht seinen Bruder Quintus – Quintus Tullius Cicero verwaltet nicht mehr die Provinz, jetzt ist er zu Hause. Heute erwartet er seinen Bruder Marcus. Auch Quintus, der Sohn des Quintus, erwartet Marcus, denn er liebt seinen Onkel sehr. Marcus bringt immer etwas Gutes mit. Bald darauf kommt Marcus, er begrüßt seinen Bruder Quintus. Er begrüßt auch den Jungen. »Was lehrt der Lehrer? Lehrt er gut/Macht er guten Unterricht?« Doch Quintus hört nicht zu. Was hat Marcus heute mitgebracht? Marcus hat eine Tafel mitgebracht. Der Junge freut sich nicht besonders. Denn zu Hause mag er nicht schreiben und lesen. Zu Hause macht es Spaß zu spielen – und zu essen.

2,11,1 Marcus Tullius ist der Bruder des Quintus Tullius, dessen Sohn auch Quintus heißt. Marcus ist also der Onkel des Quintus iunior.

2,11,2 Orange: Quintum, fratrem, provinciam, Marcum, fratrem, Marcum, patruum, Quintum, fratrem, puerum, tabulam.
Rot: Marcus, Tullius, Quintus, Tullius, Quintus, filius, Marcus, magister, Quintus, Marcus, Marcus, puer.
Blau: visitat, administrat, est, exspectat, exspectat, amat, apportat, venit, salutat, salutat, docet, docetne, audit, gaudet, amat, delectat.

2,11,3 Englisch: -s; z.B. is, does, goes, eats, has.
Deutsch: -t; z.B. kommt, geht, isst, schläft, überlegt.

3,1 Quintus liebt Antonia – Schon lange liebt Quintus Antonia. Aber in der Stadt ist Antonia niemals allein, immer ist eine Sklavin dabei. Deshalb besucht Quintus oft Decimus, den Bruder der Antonia. Auf diese Weise kann er das Mädchen sehen: Er sieht das Mädchen so gern, er hört ihr so gern zu! Heute besucht Quintus nicht seinen Freund Decimus, sondern geht aufs Forum und wartet bei der Kurie auf den Senator Marcus. Plötzlich sieht er Antonia: Das Mädchen ist allein. Quintus freut sich, fürchtet sich, freut sich, fürchtet sich. Antonia aber ist nicht ängstlich, sondern lacht und begrüßt den Jungen. Sie beginnt sogar ein langes Gespräch. Schließlich nähert sich eine Sklavin und ruft das Mädchen zu sich. Quintus aber ist glücklich.

3,1,1 a) Antonia ist niemals allein, immer ist eine Sklavin bei ihr: numquam sola est, semper ancilla adest.
b) Er besucht regelmäßig den Bruder der Antonia, damit er sie sehen kann: Decimum, fratrem Antoniae, saepe visitat; puellam videre potest.

c) Als er Antonia trifft, freut er sich, hat aber zugleich Angst. Am Ende ist er ganz glücklich: gaudet, timet, gaudet, timet; felix est.

3,1,2

adjektivisches Attribut	Attribut in der Form der Apposition	adverbiale Bestimmung
longum	fratrem Antoniae	iam diu
	amicum	in urbe
	senatorem	numquam
		semper
		itaque
		saepe
		eo modo
		tam
		libenter
		hodie
		in forum
		ad curiam
		subito
		denique
		ad se

3,1,3

Zeit	Ort (wo?)	Ort (wohin?)	Art und Weise	Grund
iam diu	in urbe	in forum	eo modo	itaque
numquam		ad se	libenter	
semper		ad curiam	tam	
saepe				
hodie				
subito				
denique				

3,2 1. Magnus clamor hodie magistrum non valde terret: Das große Geschrei erschreckt heute den Lehrer nicht sehr. 2. Marcus per vias currit et amicum suum visitat. Marcus rennt durch die Straßen und besucht seinen Freund. 3. Syrus currere incipit; nam valde timidus est. Syrus beginnt zu rennen; denn er ist sehr ängstlich. 4. Marcus tabulam monstrat et legere incipit. Marcus zeigt seine Tafel und beginnt zu lesen. 5. Senator epistulam ad fratrem scribere incipit. Der Senatator beginnt einen Brief an seinen Bruder zu schreiben. 6. Senator amicum suum domi exspectat. Der Senator erwartet seinen Freund zu Hause.

3,3 Substantive: puer, finis, nox, umbra, via.
Verben: facere, accidere, terrere.
Adjektive: longus, timidus, obscurus, dubius, magnus, latus.
Fragewörter: cur, quid, quis.
Adverbien: mox, semper, subito, saepe, hodie.
Konjunktionen: sed, et.
Präpositionen: post, in, per, ad.

3,4 vicus dubius; epistulam longam; umbram magnam; discipulum primum; puer fidus; finem suum; amicum fidum; clamorem magnum; umbram dubiam; lunam plenam; provincia magna; senatorem amicum.

3,5

Nom.	puer timidus der ängstliche Junge	finis suus sein Ende	forum latum der weite Marktplatz

Gen.	des ängstlichen Jungen	seines Endes	des weiten Marktplatzes
Dat.	dem ängstlichen Jungen	seinem Ende	dem weiten Marktplatz
Akk.	puerum timidum den ängstlichen Jungen	finem suum sein Ende	forum latum den weiten Marktplatz

3,6 Marcus senator epistulam long**am** ad amicam scribit. Serv**um** fidum vocat; epistulam **ad** Pomponium ami**cum** apportare debet. Syrus servus timid**us** est; nam noctem obscuram **timet**. Suburam, vicum obscurum, tim**et**. Lun**a** plen**a** est, vi**a** angust**a**. Umbr**am** vide**t**. Umbra appropinquat et servum fidum terret. Itaque Syrus curr**it**, sed etiam umbra currit. Denique Syr**us** umbram non timet, incip**it** ridere.

3,7 magistrum: amicum, magnum, primum, solum, suum, timidum. lunam: magnam, obscuram, plenam. labor: magnus, primus, solus, suus. fratrem: amicum, magnum, solum, suum, timidum. finis: magnus, suus. filium: magnum, primum, solum, suum, timidum. epistulam: magnam, primam, solam, suam. discipulus: amicus, magnus, primus, solus, suus, timidus. clamorem: magnum, primum, suum, timidum. aquam: latam, magnam, obscuram. amicum: magnum, primum, solum, suum, timidum. amica: magna, prima, sola, sua, timida. vinum: primum, suum. vicus: latus, magnus, obscurus, solus, suus. via: lata, magna, obscura, plena, prima, sola, sua. umbram: latam, magnam, obscuram, plenam, suam. studium: magnum, primum, suum. senatorem: magnum, primum, solum, timidum. puerum: magnum, primum, solum, suum, timidum. provinciam: magnam, primam, solam, suam.

3,8,1

Subjekt	**Attribut**	**adv. Best.**	**AkkObj.**	**Prädikat**
Syrus umbra via	magna obscurum angusta	per vicum per forum tum subito valde	servum	currit timet terret magna est obscurum est angusta est via est umbra est

Es bleiben *etiam* und *et* übrig.

3,8,2 1. Syrus per forum et per vicum obscurum currit. – Syrus läuft durch das Forum und durch das dunkle Stadtviertel. 2. Subito via angusta est. – Plötzlich ist die Straße eng. 3. Etiam magna umbra servum terret. – Auch erschreckt den Sklaven ein großer Schatten. 4. Tum Syrus valde timet. – Da fürchtet sich Syrus sehr.

3,9 1. falsch 2. wahr 3. wahr 4. wahr 5. falsch 6. wahr 7. wahr 8. wahr.

3,10 Z.B. cena, triclinium, aqua, vinum, bene, lectus, familiae, puls, panis.

3,11 die breite Straße – via lata – the broad road
die breiten Straßen – viae latae – the broad roads
das ängstliche Mädchen – puella timida – the timid girl
die ängstlichen Mädchen – puellae timidae – the timid girls
Im Deutschen und Lateinischen werden die Endungen verändert, im Englischen bleibt das adjektivische Attribut unverändert.

4,1 Der Senator Cornelius und seine Frau Iulia lieben sehr die römische und die griechische Literatur. Deshalb laden sie heute Gaius, einen großen/bedeutenden Schriftsteller, den Lehrer Theophilus und andere Freunde zum Essen ein. Sie kommen gern, denn nach den Anstrengungen (des Tages) bereitet ein gutes Essen große Freude. Nach dem Essen liest Gaius griechische Geschichten vor. Alle loben Gaius; er liest nämlich gut und gute Geschichten machen allen Freude. Aber Theophilus ist nicht zufrieden und schweigt. Der Lehrer mag keine guten Schriftsteller. Denn gute Autoren machen niemals Fehler, deshalb kann Theophilus die Schriftsteller nicht tadeln …

4,1,1 a) Gastgeber sind der Senator Cornelius und seine Frau Iulia (Cornelius senator et Iulia uxor). b) Gäste sind:

Der berühmte Schriftsteller Gaius, der Lehrer Theophilus und andere Freunde (Gaium, magnum auctorem, Theophilum magistrum, alios amicos). c) Neben einem guten Essen (cena bona) liest der Schriftsteller griechische Geschichten vor (fabulas Graecas legit). d) Die Gäste sind bester Stimmung (cunctos delectant), denn die Geschichten sind gut (fabulae bonae), außerdem liest der Schriftsteller gut (nam bene legit); nur der Lehrer Theophilus ist nicht zufrieden und schmollt vor sich hin (contentus non est et tacet), weil er als hauptberuflicher Nörgler bei guten Autoren keinen Fehler finden und sie tadeln kann (auctores bonos non amat, numquam enim auctores boni peccant, vituperare non potest).

4,1,2

Attribut	gehört zum Satzglied ...	adj. Attr.	Appos.
senator	Subjekt		x
uxor	Subjekt		x
Romanas et Graecas	AkkObj.	x	
magnum auctorem	AkkObj.		x
magistrum	AkkObj.		x
alios	AkkObj.	x	
bona	Subjekt	x	
Graecas	AkkObj.	x	
bonae	Subjekt	x	
bonos	AkkObj.	x	
boni	Subjekt	x	

4,2 Servi viam muniunt. Gnaeus Cornelius et Felicio hortum, vineam, silvam agrosque spectant.
Servi et ancillae laborant.
Davus servus non laborat, sed dormit.
Servus aeger est.

4,3 umbras vident; ager latus; servi pigri non sunt; servus viam munit; domini contenti non sunt; arbor parva; circumit; feriunt servos; magnos clamores; silvam spectat; magnas arbores caedunt.

4,4 Folgende Wörter können z. B. verwendet werden: villa, servus, hortus, uva, oliva, laborare, via, arbores.

4,5 Tiro – Asia – Sizilien – Hannibal – Papyrus – latifundia. (S. Informationstexte S. 28f. und S. 34)

4,6 Würde man die Wortstellung des lateinischen Satzes in der Übersetzung beibehalten, wäre der deutsche Satz missverständlich; im Lat. sind Objekt und Subjekt an ihren Endungen kenntlich. In unserem lateinischen Satz geht das, was betont werden soll, voraus.

4,7

Latein	Italienisch	Französisch	Englisch	Deutsch
finis	fine	fin	end	Ende
amare	amare	aimer	to love	lieben
filius	figlio	fils	son	Sohn
amicus	amico	ami	friend	Freund

4,8 Was ist die Subura? — Die Subura ist ein römisches Stadtviertel. Die Wege sind immer voll. Einige Senatoren gehen umher. Jungen und Mädchen laufen durch die Straßen, Mütter rufen mit lauter Stimme. Du kannst auch viele Sklaven und viele Sklavinnen sehen. Die einen arbeiten: sie verkaufen Wein, bringen Wasser herbei. Andere tun nichts: sie schauen, rufen und lachen. Aber die Nächte machen allen Angst: Dann sind die engen Straßen dunkel und gefährlich. Daher fürchten sich alle vor Räubern und Mördern. Wo sind die Ädilen?

4,8,1 senatores, pueri, puellae, matres, servi, ancillae, (latrones, interfectores).

4,8,2 circumire, currere, clamare, videre, laborare, vendere, apportare, nihil agere, spectare, clamare, ridere, timere.

4,8,3 Z.B. Zeile 1–9: Das Treiben in der Subura am Tag; Zeile 10–13: Die nächtlichen Gefahren in der Subura.

4,8,4 Die Straßen sind eng, dunkel und unübersichtlich; man rechnet mit Räubern und Mördern.

4,8,5 In unseren Innenstädten herrscht tagsüber oft ein ähnlich lebhaftes Treiben wie in der römischen Subura. Allerdings werden die Waren im Allgemeinen nicht auf der Straße verkauft, sondern in Läden oder auf einem Marktplatz. Oft wird die Geräuschkulisse nicht in erster Linie aus menschlichen Stimmen, sondern aus Verkehrs- oder Baulärm gebildet – zumal das laute Schreien auf Straßen (ohne ersichtlichen Grund) bei uns eher als unanständig gilt. Beschauliches Verweilen mit Sehen, Schreien und Lachen gehören bei uns weniger ins Straßenbild; man ist hier eher – mehr oder weniger hektisch – unterwegs. Sklaven und Mägde gibt es in unserer Gesellschaft nicht. Nachts sind manche Gegenden in unseren Städten ähnlich furchterregend und gefährlich wie die engen Straßen der Subura.

5,1 Römische Sklaven – Die römischen Sklaven leben in der Stadt anders als auf den Feldern/dem Land und wieder anders leben sie im Bergwerk/in den Bergwerken. In der Stadt kann das Leben, wenn sie zuverlässige Herren haben, sogar angenehm sein: Die einen unterrichten die Jungen und Mädchen, die anderen kümmern sich um die häuslichen Dinge.

Auf dem Land ist das Leben oft härter: Die Sklaven müssen schon zur ersten Stunde arbeiten: Unter großen Mühen pflügen sie die Äcker, fällen mit Äxten Bäume und befestigen die Wege. Die Sklavinnen unterstützen die Herrin, arbeiten im Garten und bringen mit den Sklaven die Ernte ein.

Am härtesten aber ist das Leben im Bergwerk/in den Bergwerken. Denn die Sklaven arbeiten angekettet viele Stunden lang an dunklen und kalten Orten und haben oft nicht genug zu essen. Deshalb sind sie oft krank und sterben früh.

5,1,1/2 In urbe: vita iucunda esse potest; pueros puellasque docent; res domesticas curant. In agris: vita durior; iam prima hora laborare debent; magnis laboribus agros arant, arbores asciis caedunt, vias muniunt; ancillae dominam adiuvant, in horto laborant, cum servis messem faciunt. In metallis: durissima vita; catenis vincti in locis obscuris et frigidis laborant; cena indigent; saepe aegri sunt; mox mortem obeunt.

5,1,3 In der Stadt konnten die Haussklaven es ganz gut haben: Sie mussten die Kinder unterrichten, Arbeiten im Haus erledigen. Schwerer war das Leben auf dem Land: Dort mussten die Sklaven von morgens bis abends arbeiten, auch Sklavinnen wurden nicht geschont. Am schlimmsten erging es aber den Sklaven in den Bergwerken: Sie arbeiteten unter menschenunwürdigen Bedingungen, hatten nur eine geringe Lebenserwartung.

5,1,4 aB (Zeit): prima hora; aB (Ort): in urbe, in agris, in metallis, in urbe, in agris, in horto, in metallis, in locis obscuris et frigidis; aB (Art und Weise): magnis laboribus; aB (Begleitung): cum servis; aB (Mittel und Werkzeug): asciis.

5,2 in forum (ire): b; magna cura: k; prima hora: c; ad Pomponium (apportare): e; pecunia (adiuvare): l; mox: d; aqua frigida: m; e villa (venire): j; magna voce (legere): n; in villa (esse): a; post cenam: f; ad senatorem (venire): i; cum amico (venire): h; hodie: g.

5,3 longa, vicis, tuo, parvis, laeta, arbore, doctis, alio, amico, suis, uxoribus.

5,4 a) senator doctus – senatorem doctum – cum senatore docto – senatores docti – senatores doctos – cum senatoribus doctis.

b) cum uxore laeta – uxorem laetam – uxor laeta – cum uxoribus laetis – uxores laetas – uxores laetae.

c) magna pecunia – magnae pecuniae – magnam pecuniam – magnas pecunias – magna pecunia – magnis pecuniis.

d) amicus fidus – amica fida – amicum fidum – amicam fidam – cum amico fido – cum amica fida – amici fidi – amicae fidae – amicos fidos – amicas fidas – cum amicis fidis – cum amicis fidis.

e) noctibus obscuris – noctes obscuras – noctes obscurae – nocte obscura – noctem obscuram – nox obscura.

5,5 S. Text S. 36 im Lehrbuch.

5,6 b – e – l – p – s : plebs.

5,7

Deutsch	Englisch	Latein	Französisch	Italienisch
Mutter	mother	mater	mère	madre
Vater	father	pater	père	padre
Bruder	brother	frater	frère	fratello
Schwester	sister	soror	soeur	sorella

5,8 Ein kleiner Fuchs spaziert durch die Felder. Plötzlich sieht er in einem Weinberg eine Traube. Er freut sich, er ist nämlich krank vor Hunger. Der kleine Fuchs springt, doch er berührt/erreicht die Traube nicht. Deshalb springt er wieder mit großer Anstrengung. Die Traube aber kann er nicht berühren/erreichen. Schließlich ruft er mit lauter Stimme: »Die Traube ist nicht reif. Aus unreifen Trauben mache ich mir nichts.«

5,8,1 Es handelt sich um eine Fabel. Indizien: Ein typisches Fabeltier, ein Fuchs, spielt die Hauptrolle. Der Fuchs kann in der Geschichte sprechen. Der Fuchs zeigt eine typisch menschliche Verhaltensweise, indem er sich nicht eingesteht, dass er unfähig ist, eine bestimmte Tätigkeit auszuüben (die Traube zu berühren), sondern sich einredet, dass er diese Tätigkeit eigentlich gar nicht ausführen will. Die Geschichte hat eine Pointe.

5,8,2 *Subito* zeigt an, dass nun etwas Neues in der Geschichte eintritt. *Itaque* zeigt an, dass nun etwas erzählt wird (der Fuchs springt wieder), was sich aus dem ergibt, was gerade erzählt worden ist (der Fuchs berührt die Traube nicht). *Denique* zeigt an, dass etwas passiert, was eine Steigerung zum Vorausgehenden darstellt; es kündigt die Pointe der Geschichte an.

6,1 Einmal besucht eine Stadtmaus eine Landmaus. »Sei gegrüßt, Nachbar(in)! Ich freue mich, dass ich dich sehe/dich zu sehen. Was treibst du? Erzähle!« – »Was ich treibe? Ich gehe auf den Feldern spazieren, sammle Speisen …« Dann bringt die Landmaus das Essen: kleine Nüsse und einige harte Oliven. Aber die Stadtmaus ist nicht zufrieden: »Ihr Landmäuse führt ein arm(selig)es Leben! Gefällt euch etwa dieses Leben? Kannst du etwa zufrieden sein? Komm mit mir in die städtischen Wohnblöcke, dort können wir ein Leben führen, das immer fröhlich ist. Überall finden wir leckere Speisen!«
Die Landmaus überlegt nicht lange, sondern eilt mit der Stadtmaus in die Stadt. Dort ist das Leben wirklich angenehm: Immer finden sie viele leckere Speisen. Einmal fressen sie einen großen Speck/ein großes Stück Speck, trinken Wein und lachen sehr. Plötzlich nähern sich wilde Hunde und erschrecken die Mäuse sehr/ und jagen den Mäusen einen großen Schrecken ein. Später (sagt) die Landmaus: »O mein(e) Freund(in), dieses städtische Leben macht mir keinen Spaß mehr. Was nützt ein leckeres Essen, was nützen Speck und Wein, wenn du dich immer wieder vor den Hunden in Acht nehmen musst? Ich will lieber auf den Feldern und in den Wäldern ein zwar armes, aber doch freies Leben führen. Lebe wohl!«

6,1,1 Landmaus: in agris, cibos colligo, nuces parvas et nonnullas olivas duras, vitam miseram, in agris silvisque vitam ita miseram, ut liberam agere. Stadtmaus: vitam semper laetam agere, cibos delicatos, vita vere iucunda, multos cibos delicatos, magnum laridum, vinum, canes saevi appropinquant muresque valde terrent, iterum iterumque canes cavere. Die Landmaus hat zwar nicht viel zu essen, ist arm, dafür aber frei; die Stadtmaus lebt im Wohlstand, aber dafür in steter Angst.

6,1,2 Der Preis, den man für ein Leben im Wohlstand bezahlen muss, ist oft sehr hoch: Man lebt in Unfreiheit und Angst, während das einfache Leben zwar im Alltag hart sein mag, dafür kann man aber seine Unabhängigkeit leichter bewahren.

6,2

Form	**Person**			**Numerus**		**Imperativ**	**Infinitiv**
	1	**2**	**3**	**Singular**	**Plural**		
posse							x
rumpunt			x		x		
curamus	x				x		
appropinqua				x		x	
es		x		x		x	
invitatis		x			x		
facio	x			x			
laudate					x	x	
vendis		x		x			
exercere							x
munimus	x				x		

Form	Person			Numerus		Imperativ	Infinitiv
	1	2	3	Singular	Plural		
terremus	x				x		
currit			x	x			
incipe				x		x	
dormiunt			x		x		
colligite					x	x	
potestis		x			x		
sum	x			x			
administras		x		x			
vehitis		x			x		

6,3 ego me/te/nos/vos laudo: ich lobe mich, dich, uns, euch.
tu me/te/nos/vos laudas: du lobst mich, dich, uns, euch.
nos te/nos/vos laudamus: wir loben dich, uns, euch.
vos me/nos/vos laudatis: ihr lobt mich, uns, euch.
14 sinnvolle Möglichkeiten.

6,4 Es gibt viele Lösungsmöglichkeiten.

6,5 Pyramide von oben nach unten:
es! – est – aud**i** – mitt**o** – invito – cogitas – possumus – **p**rodestis – vitu**p**erate – exspectatis – i**n**terrogamus – administratis — appropinqu**a**mus: *popina* (= Kneipe).

6,6

1. Pers. Sg.	propero	caveo	dimitto	venio
2. Pers. Sg.	properas	caves	dimittis	venis
3. Pers. Sg.	properat	cavet	dimittit	venit
1. Pers. Pl.	properamus	cavemus	dimittimus	venimus
2. Pers. Pl.	properatis	cavetis	dimittitis	venitis
3. Pers. Pl.	properant	cavent	dimittunt	veniunt
Imperativ Sg.	propera	cave	dimitte	veni
Imperativ Pl.	properate	cavete	dimittite	venite
Infinitiv	properare	cavere	dimittere	venire

6,7 Gnaeus (vocat): »Dav**e**, Dav**e**, cur non laboras? **Num** piger es? **Num** dormis? – Serv**i**, cur Davus non laborat?«
Servi: »Domin**e**, Davus aeger est.«
Gnaeus: »Vilic**e**, est**ne** Davus in villa? **Num** dormit? Davum voca!«
Vilicus: »Davus dormit; nam aeger est, domin**e**«.
Gnaeus: »Et cur arbores tam parvae sunt? **Nonne** laboratis, pigr**i** serv**i**?«
Vilicus: »Laboramus, sed mala tempestas ...«

6,8,1

Latein	Italienisch	Französisch	Englisch	Deutsch
campus	campo	champ	camp	Campus
populus	popolo	peuple	people	Pöbel
tabula	tavola	table	table	Tafel
verbum	verbo	verbe	verb	Verb
carrus	carro	char	car	Karren
fenestra	finestra	fenêtre	xxxxxxxxxxxx	Fenster
murus	muro	mur	xxxxxxxxxxxx	Mauer
via strata	strada	xxxxxxxxxxxx	street	Straße
studium	studio	étude	studies	Studium

6,8,2 Fenster, Straße und Mauer werden nicht mehr als Fremdwörter empfunden, sie sind aus dem Lateinischen ins Deutsche übernommen worden.

6,9 Während im Lateinischen oft der Ablativ ohne Präposition die Satzstelle adverbiale Bestimmung füllt, tritt an dessen Stelle im Deutschen und Englischen meist ein Substantiv mit Präposition, manchmal auch ein Adverb (nachts).

6,10 Ein Rabe hat von einem Fenster einen Käse gestohlen. Auf einem Baum beginnt er, den Käse zu essen. Da sieht ein Fuchs den Raben und den Käse. Deshalb kommt er näher: »Sei gegrüßt, Rabe, was tust du?« Doch der Rabe schweigt, er isst seinen Käse. Der Fuchs ruft: »Hörst du denn nicht? Sei gegrüßt, Rabe! O, wie glänzend sind deine Federn! O, wie gelehrt sind immer deine Worte! Doch, ach, deine Stimme ist erbärmlich, singen kannst du nicht. Raben können nicht singen.« Der Rabe ist wütend und beginnt zu singen. Der Käse fällt vom Baum – der Fuchs schnappt (sich) ihn und lacht und lacht und lacht ...

6,10,1 a) Fuchs, Rabe, Erzähler. b) Ein Stück Käse. c) Ein Baum, ein Fenster. d) z.B. idyllisches Vogelgezwitscher, um die Zeilen 1–5 zu unterlegen. Eine kitschige, schmeichelnde Melodie für die Zeilen 6–11. Gekrächze für die Zeile 15. Ein hämisches, lang anhaltendes Gelächter für die Zeile 17.

6,10,2 Eitelkeit, Neid, Habgier.

7,1 Quintus, der Sohn des Quintus Tullius, besucht seinen Onkel Marcus Tullius. Ein Sklave des Senators Marcus bringt das Essen, aber Quintus sieht weder den Salat noch das Brot. Er schaut nicht einmal das Hühnchen an. Der Onkel ist beunruhigt: »Was ist denn los, Quintus? Magst du denn das Essen nicht? Du möchtest wohl (lieber) etwas anderes essen? Oder bist du krank?« Der Junge schweigt. Der Onkel: »Es ist die Pflicht junger Männer, viel zu essen, wenn sie auf dem Marsfeld trainieren, wenn sie die Mädchen beeindrucken wollen!« Quintus seufzt und schweigt. Marcus: »Oder hat dich der Lehrer gequält? Aber es ist doch die Aufgabe eines Lehrers zu unterrichten und manchmal die Schüler zu tadeln! Hast du etwa Angst vor dem Lehrer?« Quintus: »Ich fürchte mich nicht vor dem Lehrer ...« Marcus: »Was (ist) also (los)?« Der Junge seufzt tief: »Antonia ...« Der Onkel: »Etwa Antonia, die schöne Tochter des Senators Antonius?« Quintus: »Ja ... Antonia liebt mich nicht mehr ...«

7,1,1 Patruum visitat; neque lactucam neque panem videt; ne pullum quidem spectat; tacet; gemit et tacet; valde gemit.

7,1,2 Quintus mag das Essen nicht; Krankheit; Ärger in der Schule/Angst vor dem Lehrer.

7,1,3 Antonia me non iam amat.

7,1,4 Tröstend/mitfühlend oder auch amüsiert und den Liebeskummer bagatellisierend.

7,1,5 servorum est: dictare, scribere, laborare, arbores caedere, tacere, salutare, audire, cenam apportare, agros arare. adulescentium est: se exercere, scribere, tacere, salutare, audire, discere. magistrorum est: dictare, vituperare.

7,1,6 a) cena: lactuca, pullus, panis, aqua, vinum, piscis, uvae, olivae, malum ....
b) meal: lettuce, meat, potatoes, wine, water, olives ...
Aus dem Lateinischen: z.B. wine, olives, lettuce.

7,2 narrare – audire, tacere – clamare, salve! – vale!, mater – filius, nonnulli – cuncti, clamor – silentium, piger – sedulus, dominus – servus, laudare – vituperare, latus – angustus, vinum – aqua, magister – discipulus, ire – currere, parvus – magnus, miser – laetus, discere – docere.

7,3 matrem laetam – matres laetas – matrum laetarum – matris laetae – cum matre laeta – cum matribus laetis – matres laetae – mater laeta.
labore molesto – laboribus molestis – laborum molestorum – laboris molesti – laborem molestum – labores molestos – labores molesti – labor molestus.
exempla parva – exempla parva – exemplis parvis – exemplo parvo – exempli parvi – exemplorum parvorum – exempla parva – exemplum parvum.

7,4

Nom. Sg.	campus latus	ludus iucundus	clades futura	virgo saeva
Gen. Sg.	campi lati	ludi iucundi	cladis futurae	virginis saevae
Dat. Sg.	~~~~~~~~	~~~~~~~~	~~~~~~~~	~~~~~~~~
Akk. Sg.	campum latum	ludum iucundum	cladem futuram	virginem saevam
Abl. Sg.	campo lato	ludo iucundo	clade futura	virgine saeva
Nom. Pl.	campi lati	ludi iucundi	clades futurae	virgines saevae
Gen. Pl.	camporum latorum	ludorum iucundorum	cladium futurarum	virginum saevarum
Dat. Pl.	~~~~~~~~	~~~~~~~~	~~~~~~~~	~~~~~~~~
Akk. Pl.	campos latos	ludos iucundos	clades futuras	virgines saevas
Abl. Pl.	campis latis	ludis iucundis	cladibus futuris	virginibus saevis

7,5 opprimere, silentium, fenestra, faber, ecce, saevus, currere, laetus, fatigatus, somnus, materia.

7,6

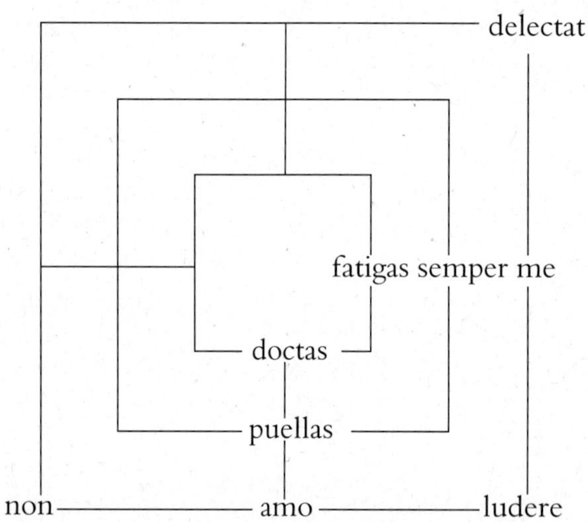

7,7,1 Englisch: der Name meines Lehrers ist ...; der Freund ihrer Mutter; Nicks Mutter; der Name der Straße; die Farbe der Wand. Lateinisch: der Sohn des Senators; die Tafel des Schülers; Publius' Freund.

7,7,2 Englisch: Entweder wird ein »s« mit Apostroph angehängt (bei Personen) oder die Präposition »of« verwendet (bei Sachen). Der Artikel wird nicht verändert.
Latein: Die Endung wird verändert. Einen Artikel gibt es nicht.
Deutsch: Artikel und Substantiv werden dekliniert. Bei Namen kann das deklinierte Wort auch an erster Stelle stehen. Endet der Name mit einem »s«, wird ein Apostroph an das Wort angefügt (Publius').

7,8 Auf dem Marsfeld treffen Publius und Quintus ihre Freunde – P.: »Warum rennt, springt und kämpft ihr immer, ihr Freunde? Was nützt ein Spiel, wenn der Schweiß bis zu den Knöcheln rinnt? Seht dort die beiden jungen Männer! Sie stehen im Schatten eines Baumes und spielen das Fingerspiel.«

Q.: »Was ist das – mit den Fingern spielen?«

P.: »Du kannst es lernen. Schau nur zu!

Zwei junge Männer stehen einander gegenüber. Sie ballen die rechten Hände zu Fäusten. Der eine ruft ›eins – zwei – drei‹. Dann zeigt jeder einige Finger aus seiner Faust. Und zugleich ruft jeder die Summe der Finger – der seinen und der anderen –, die er für die richtige hält. Wer die richtige Summe der Finger nennt, ist Sieger; er bekommt ein Geldstück. Ich liebe dieses Spiel; es macht mir viel Spaß. Denn es bringt Gewinn.«

7,8,1 currere, salire, pugnare.

7,8,2 Fingerspiel: Duo adulescentes contrarii stant. Manum dexteram in pugnum comprimunt. Alter »unum, duo, tria« clamat. Tum uterque nonnullos digitos e pugno suo monstrat. Et simul uterque summam digitorum – et suorum et aliorum – clamat, quam veram putat. Qui veram digitorum summam dicit, victor est; nummum accipit.

8,1 Plinius besucht die Thermen – Der Schriftsteller Gaius Plinius betritt mit seinem Sklaven Dorus die Thermen von Rom. Er freut sich, dass er heute von den Arbeiten frei ist/dass er heute nicht zu arbeiten braucht. Im Umkleideraum legt er seine Kleider ab und befiehlt Dorus, gut auf seine Kleider aufzupassen. Dann geht er in die Sporthalle, wo sich viele Männer, Jugendliche und Jungen aufhalten. Plötzlich sieht er, dass Decimus, ein Mann aus der Provinz, mit anderen (Männern) Ball spielt. Plinius begrüßt Decimus: »Sei gegrüßt, Decimus, was machst du in der Stadt?« Decimus erzählt, dass er Freunde besucht und auf dem Markt eine Sklavin verkaufen will. Dann fragt er: »Und du, Gaius, warum bist du in der Stadt?« »Ich? Ich werde aus meinen Büchern vorlesen. Du musst nämlich wissen, dass die Römer meine Bücher sehr lieben.« Decimus lacht: »Ich weiß, dass du ein wirklich großer Mann bist! Aber jetzt, Gaius, leb wohl. Die Freunde erwarten mich.«
Gaius geht aus der Sporthalle ins Kaltwasserbecken, er schwimmt und denkt über ein neues Buch nach. Dann betritt er den Umkleideraum, aber Dorus passt nicht mehr auf seine Kleider auf. Wo ist der Sklave? Plinius kann Dorus lange nicht finden. Schließlich sieht er, dass der Sklave in einem Winkel der Thermen schläft – voll des Weines/(völlig) betrunken.

8,1,1 a) Wo: in den Thermen (thermas urbis Romae). – b) Wer: Gaius Plinius, servus Dorus, viri, adulescentes, pueri, Decimus provincialis, Romani, amici. – c) Was: Gaius Plinius: ist Schriftsteller (auctor), geht in die Thermen (thermas intrat), ist froh, dass er nicht arbeiten muss (se a laboribus liberum esse gaudet), legt die Kleider ab (vestes ponit), beauftragt Dorus mit der Kleiderwache (Dorum vestes custodire iubet), geht in die palaestra (palaestram intrat), sieht einen Bekannten mit Namen Decimus (Decimum videt), grüßt ihn (salutat) und beginnt ein Gespräch mit ihm, danach geht er in die piscina, schwimmt, denkt nach (in piscinam it, natat, cogitat), geht zurück ins apodyterium (apodyterium intrat), kann Dorus nicht finden (reperire non potest), sieht ihn schließlich schlafen (dormire videt). Servus Dorus: muss die Kleider des Plinius beaufsichtigen (vestes custodire), erfüllt diese Pflicht nicht (non iam custodit), schläft betrunken in einer Ecke (in angulo dormire, plenum vini). Viri, adulescentes, pueri sind in großer Zahl in den Thermen (multi adsunt). Decimus provincialis: spielt Ball (pila ludere), erzählt, dass er Freunde besucht und eine Magd verkaufen will (amicos visitare, ancillam vendere), scherzt mit Plinius (ridet). Romani: lieben die Bücher des Plinius (libros amare). Amici: Die Freunde des Decimus erwarten ihn (exspectant).

8,1,2 Plinius: e libris meis recitabo. Decimus: amicos visitare, ancillam vendere.

8,1,3 Eitelkeit, Zeile 15.

8,1,4 Decimus macht sich über Plinius lustig.

8,1,5 Decimus spricht über den Verkauf seiner Magd, wie wenn er ein Stück Vieh verkaufen würde. Dorus wird als versoffen und unzuverlässig dargestellt.

8,1,7 se (SubjAkk.), liberum esse (Infinitiv), gaudet (Prädikat). Dorum (SubjAkk.), custodire (Infinitiv), iubet (Prädikat). Decimum provincialem (SubjAkk.), ludere (Infinitiv), videt (Prädikat). se (SubjAkk.), visitare, vendere velle (Infinitiv), narrat (Prädikat). Romanos (SubjAkk.), amare (Infinitiv), scito (Prädikat). te (SubjAkk.), virum magnum esse (Infinitiv), scio (Prädikat). eum (SubjAkk.), dormire (Infinitiv), videt (Prädikat).

8,2 Video Quintum et Titum thermas intrare, in apodyterio vestes ponere, primo palaestram intrare.
Video/audio hic turbam virorum magno cum clamore pila ludere.
Audio viros de ludo iurgare.
Video illic adulescentes bracchia plumbo onerata multo cum gemitu iactare.
Audio illic pilicrepum pilas numerare.
Video ubique venditores circumire et audio stridula cum voce crustula, botulos, vina sua laudare.
Video Quintum e palaestra et e clamore mox in caldarium fugere.
Video ibi paucos viros adesse.

Audio ubique silentium esse.
Video Titum venire.
Video Titum Quintumque in aquam calidam salire, amicos salutare, diu natare, usque ad vesperum modo in laconico sudare, modo in piscina natare, modo in palaestra cum amicis pila ludere.
Video subito M.Tullium thermas intrare. Video Quintum in apodyterium fugere, vestes arripere, domum currere.

8,3 1. Pers. Sg. ludo, intro, scio. 2. Pers. Sg: ludis, intras, scis. 3. Pers. Sg.: ludit, intrat, scit.
1. Pers. Pl.: ludimus, intramus, scimus. 2. Pers. Pl.: luditis, intratis, scitis. 3. Pers. Pl.: ludunt, intrant, sciunt.

Personalpronomen der	**im Nominativ**	**im Akkusativ**	**im Ablativ**
1. Pers. Sg.	ego	me	me(cum)
2. Pers. Sg.	tu	te	te(cum)
1. Pers. Pl.	nos	nos	nobis(cum)
2. Pers. Pl.	vos	vos	vobis(cum)

Zehn Verben, die eine Bewegung bezeichnen: Z.B.: ire, venire, apportare, appropinquare, currere, circumire, ambulare, dimittere, properare, salire.
Fünf Verben, die eine Gefühlsbewegung ausdrücken: Z.B.: amare, ridere, gaudere, delectare, timere.
Fünf Verben, die zum Wortfeld »laut oder leise sprechen, sagen« gehören: Z.B.: dictare, clamare, interrogare, vocare, narrare.
diu → Zeit; ubique → Ort (wo?); primo → Zeit; illic → Ort (wo?); usque ad vesperum → Zeit; optime → Art und Weise; de fenestra (clamare) → Trennung (Ort: woher?) magno cum clamore → Art und Weise; in aquam (salire) → Ort (wohin?); in piscina (natare) → Ort (wo?); cum amicis pila (ludere) → Begleitung; Mittel, Werkzeug.

8,4,1 Im Deutschen und Englischen wird der Grund der Freude jeweils durch einen Gliedsatz ausgedrückt, im Lateinischen durch einen aci.

8,4,2 Est ist hier als Vollverb gebraucht, was im Deutschen durch das Verb »herrscht« ausgedrückt wird; im Englischen wird das Hilfsverb is durch there »abgestützt«.

8,5 Cn. Cornelius besucht heute sein Landgut. Der Verwalter begrüßt seinen Herrn. Der Herr geht mit dem Verwalter herum und sieht die Sklaven und Sklavinnen arbeiten. Er freut sich, dass die einen den Garten umgraben, die anderen Trauben ernten und dass alle fleißig sind. Dann sieht Cornelius, dass der Sklave Davus nicht arbeitet, sondern schläft. Der Verwalter (sagt): »Der Sklave Davus ist krank.« – Der Herr (antwortet): »Dann nützt er nichts.« Daher gibt der Herr dem Verwalter den Auftrag, den Sklaven zu verkaufen.

8,5,1 Zeile 2: servos ancillasque (SubjAkk.), laborare (Infinitiv), videt (Prädikat). Zeile 3-4: alios (SubjAkk.), fodere (Infinitiv), alios (SubjAkk.), colligere (Infinitiv), cunctos (SubjAkk.), sedulos esse (Infinitiv), gaudet (Prädikat). Zeile 5: Davum servum (SubjAkk.), laborare, dormire (Infinitiv), videt (Prädikat). Zeile 7: vilicum (SubjAkk.), vendere (Infinitiv), iubet (Prädikat).

8,5,2 Servi ancillaeque laborant. – Alii hortum fodiunt, alii uvas et olivas colligunt, cuncti seduli sunt. – Davus servus non laborat, sed dormit. – Vilicus servum vendit.

9,1 Der Senator Cornelius besucht heute sein Landgut. Parmenio, ein Sklave des Cornelius, sieht seinen Herrn und ist sofort sehr fleißig: Ein Weilchen repariert er das Dach des Landhauses, ein Weilchen sammelt er Oliven auf, ein Weilchen lädt er Bauholz auf einen Wagen, ein Weilchen hilft er der Frau des Verwalters und den Sklavinnen, die sich um die häuslichen Dinge kümmern. Lange besprengt er die staubigen Wege der Felder, auf denen Cornelius spazieren geht, mit Wasser … Den ganzen Tag arbeitet und arbeitet er. Schließlich ruft Cornelius den Sklaven zu sich. Der Herr: »Deine Anstrengungen, Parmenio, machen mir große Freude. Ich glaube, dass du ein guter und fleißiger Sklave bist.« Parmenio freut sich: »Weißt du etwa nicht, dass ich mich immer sehr um deine Angelegenheiten kümmere? Fast Tag und Nacht achte ich auf dein Wohlergehen, ich bewache die Felder, fange Räuber, außerdem …« Cornelius: »Schweig, Parmenio, schweig! Ich werde dir einen Denar geben, aber ich werde dich nicht freilassen!«

9,1,1 Parmenio sieht seinen Herrn (videt) und ist fleißig (sedulus est); er repariert das Dach (tectum reparat), sammelt Oliven (olivas colligit), legt Baumaterial auf den Wagen (materiam carro imponit), hilft der Frau des Verwalters und den Sklavinnen (uxori vilici et ancillis adest), besprengt die staubigen Wege mit Wasser (vias pulverulentas aqua conspergit), arbeitet den ganzen Tag (totum diem laborat), zählt freudig (gaudet) seinem Herrn auf, wie sehr er sich einsetzt (magnae curae esse) und Tag und Nacht wacht (diem noctemque vigilo).

9,1,2 Sie betonen, dass Parmenio viele verschiedene Tätigkeiten ausübt, um seinen Eifer zu zeigen, aber eben immer nur für ein Weilchen ...

9,1,3 Cornelius hat durchschaut, dass Parmenio nur deshalb besonders eifrig ist, weil er sein Landgut besucht.

9,2 Am Rhein standen sechs Legionen.
Die Türme am Limes standen etwa ½ km auseinander.
Der Limes war 500 km lang.
Der Dienst in der römischen Armee dauerte 25 Jahre.
CCAA ist die Abkürzung für Colonia Claudia Ara Agrippinensium, für viele Kölner ein Kürzel für ihre Stadt.
Die Römer besetzten das Gebiet zwischen Rhein und Donau im 1. Jh. n. Chr.
Die Hauptstadt der Provinz Raetia war Augusta Vindelicum (Augsburg).
Der Limes Raeticus bestand aus einer Mauer mit Türmen.
re ist ein Ausdruck beim Skat und eine Ablativform.

9,3 amici sumus, non infesti, res bonas vendimus.

9,4 magister sedulus – magistrum sedulum – uxorem doctam – rem obscuram – rei obscurae – rerum obscurarum – fororum pulchrorum – uxorum doctarum – cum uxoribus doctis – rebus obscuris – re obscura – cum magistro sedulo – magistro sedulo – rei obscurae – uxori doctae – uxor docta – magister sedulus.

9,5,1 amicus meus – mein Freund – my friend.
amici mei – meines Freundes – my friend's.
amico meo – meinem Freund – to my friend.
amicum meum – meinen Freund – my friend.
cum amico meo – mit meinem Freund – with my friend.

amici mei – meine Freunde – my friends.
amicorum meorum – meiner Freunde – my friends'.
amicis meis – meinen Freunden – to my friends.
amicos meos – meine Freunde – my friends.
cum amicis meis – mit meinen Freunden – with my friends.

9,5,2 Das Lateinische verändert die Endungen. Weder im Englischen noch im Deutschen gibt es einen Ablativ; dort wird jeweils eine Präposition mit dem Substantiv verbunden. Im Deutschen werden alle Endungen verändert. Im Englischen wird lediglich im Genitiv ein »s« mit Apostroph angehängt, der Akkusativ hat dieselbe Form wie der Nominativ, der Dativ wird mithilfe einer Präpositon gebildet, im Plural steht grundsätzlich ein »s«, im Genitiv verbunden mit einem Apostroph.
Die wenigsten Veränderungen sind im Englischen festzustellen, das Deutsche und das Lateinische haben ähnlich viele Veränderungen.

9,6 aggredi – aggressiv, Aggression, Aggressor – aggressive, aggression, aggressor.
castellum – Kastell – castle.
decem – dezimieren.
defendere – defensiv – defend.
deserere – Deserteur – deserter.
dividere – Division – division.
exercere – exerzieren – exercise.
gloria – Glorie – glory.
invadere – Invasion – invasion.
miles – Militär, Miliz – military.
navigare – Navigation – navy.
occupare – okkupieren, Okkupation – occupation.
officium – Offizier – officer.
patria – Patriot – patriot.
resistere – resist.
victoria – victory.

9,7 Die Römer befestigen ihre Provinzen mit Kastellen und Grenzwällen gegen die Germanen und andere Völker. Wenn die Soldaten von den Wachtürmen aus sehen, dass Feinde sich der Grenze nähern, führt der römische Hauptmann seine Truppen aus dem Kastell an den Grenzwall. Außerhalb des Grenzwalles liegt eine kleine Ebene. Dort stellt der Hauptmann die Schlachtreihe auf. Der Hauptmann sagt seinen Soldaten: »Ich weiß, dass die Germanen zahlreich sind. Aber ihr wisst, dass die Götter uns Römern immer beistehen, Soldaten. Daher brauchen Germanen uns keine Furcht einzuflößen.«
In einer großen Schlacht besiegen die Römer die Germanen und nehmen viele gefangen. Der Hauptmann gibt die Gefangenen und andere Dinge den Soldaten als Beute.

9,7,1 a) Castellis, limitibus, limiti, castello, militibus, nobis, Romanis, timori, militibus, praedae.
b) Castellis/limitibus: instrumental; e castello: separativ (Ort – woher?).

9,7,2 Die Gefangenen wurden als Sache behandelt. Meist wurden die Männer umgebracht, Frauen und Kinder versklavt.

10,1 Spartacus – Ein Thraker namens Spartacus und andere Gladiatoren und Sklaven verlassen ihre Dörfer, Städte und die Stadt (Rom) und errichten auf dem Vesuv ein Lager. Dort hält Spartacus eine Rede: »O ihr Männer, Gefährten, Freunde! Ihr seht, dass Gaius Claudius Glaber, der römische Prätor, sich nähert. Jener will uns mit starken Truppen angreifen und in die Sklaverei zurückführen. Aber wir kämpfen für eine gerechte Sache! Wir wollen nicht mehr Löwen und andere wilde Tiere in der Arena töten, wir wollen nicht mehr die Körper von Menschen mit dem Schwert verwunden, wir wollen uns unser Leben nicht mehr mit Blut und Mord erkaufen, wir wollen nicht mehr einen unwürdigen Tod erleiden! Ihr seid es gewohnt, mit wilden Tieren und grausamen Gegnern zu kämpfen. Ihr könnt auch, mit dem Schwert bewaffnet, die römischen Soldaten besiegen. Es ist Zeit, uns von den schlechten Herren zu befreien! Zieht in die Schlacht, greift die römischen Soldaten an, werft eure Körper ohne Furcht den Feinden entgegen und ihr werdet als Sieger aus dem Kampf hervorgehen!«

10,1,1 servitudinem; leones aliasque bestias in arena occidere; corpora hominum ferro vulnerare; sanguine caedeque vitas nostras emere; mortem indignam obire; cum bestiis adversariisque saevis pugnare; dominis malis.

10,1,2 Spartacus spricht die Zuhörer direkt an: Zeile 6: viri, socii, amici; Zeile 8: videtis; Zeile 18: Vos ... soletis; Zeile 19: Vos ... potestis; Zeile 22–24: Inite, adite, obicite ... vestra, vos ... redibitis.
Spartacus bezieht sich selbst mit ein: Zeile 9–10: nos adire et nos in servitudinem redigere; Zeile 11: nos ... pugnamus; Zeile 12-14: volumus; Zeile 21: nos.

10,1,3 Er macht ihnen noch einmal klar, dass sie ihr früheres schlimmes Leben als Sklaven aufgeben wollen und für eine gerechte Sache kämpfen; sie haben sich im Kampf mit Gladiatoren und wilden Tieren bewährt und können es deshalb auch mit den römischen Soldaten aufnehmen.

10,1,4 Zeile 3: vicos, oppida, urbem: Asyndeton und Klimax: Die Sklaven kommen von überall her, der Aufstand ist eine Massenerhebung.
Zeile 6: O viri, socii, amici: Asyndeton und Klimax: Betonung der Zusammengehörigkeit.
Zeile 12–17: non iam: Die Anapher unterstreicht den Willen der Aufständischen, das frühere Leben aufzugeben.
Zeile 6, 11, 12–17, 20–21, 22–23: Die Ausrufe und Imperative betonen die Absicht des Spartacus, seine Leute für den Kampf zu stärken.

10,1,5 Zunächst schlossen sich zehntausende Sklaven an, Spartacus wählte einen Stützpunkt in Süditalien, versuchte nach Sizilien überzusetzen, was aber misslang. 71 wurde der Aufstand blutig niedergeschlagen. Spartacus fiel in der Schlacht.

10,2 et → und; ad → zu; it → er geht; es → du bist; in → in; is → du gehst; -ne → ?;
se → sich; ab → von; tu → du; re → durch die Sache; si → wenn; an → oder etwa?; da → gib!;
ex → aus; de → von.

10,4 corpus, servum, munus, leones, stationes, exemplum, umbras, orationes, obscuram: *Colosseum.*

10,5 mos – redeo – salus – pernicies – fugio – statio – res – do – urbs – salio – miles – clades – verbum – insula – indigeo – exerceo – vendo – habeo – munus – ineo – abeo – audio.

10,6 1. sanguis. 2. leones 3. homo 4. infestus 5. aures 6. vestes 7. salus 8. crudelitas.

10,7 you: tibi; me: me; you: te; me: mihi; us: nobis; you: vos; you: vobis; us: nos.

10,8 Gern gehen die Einwohner der Stadt Rom auf die Rennbahn. Heute betreten auch Quintus und Publius die Rennbahn. Dort sind schon viele Zuschauer. Sie schreien und erwarten die Spiele.
Dann laufen die Pferde aus ihren Schranken und ziehen die Wagen durch die Arena. Nicht ohne Angst beobachten Publius und Quintus die Pferde und die Wagenlenker; denn sie sehen, dass viele Pferdelenker aus dem Wagen fallen. Den fröhlichen Sieger grüßen die Zuschauer aber mit großem Lärm.

10,8,1 Hodie: temporal – ibi: lokal – tum: temporal – nam: begründend – autem: schwacher Gegensatz, fortführend.

10,8,2 Personen:
a) selbst aktiv beteiligt: aurigas; victorem laetum.
b) Zuschauer: incolae urbis Romae; Quintus et Publius; multi spectatores.
Verhalten: in circum eunt; circum intrant; clamant; ludos exspectant; non sine timore equos aurigasque spectant; vident; magno clamore salutant.
Ort: urbis Romae; circum.
Ereignisse: equi e carceribus currunt et currus per arenam trahunt; multos aurigas e curru cadere.

11,1 »Heute habe ich meine Herde zum Tiberufer geführt, ich habe die Herde bewacht und bei mir über das Leben der Hirten nachgedacht: »Wie ist das Leben voller Mühen und Sorgen, aber wie angenehm ist trotzdem das Leben mit den Tieren!« Plötzlich habe ich Babys weinen hören, doch zuerst konnte ich niemanden sehen. Dann habe ich im Wald eine große Wölfin gesehen. Ich habe mich gefürchtet, bin aber dennoch vorsichtig näher gegangen. Und was sehe ich? Die Wölfin säugt zwei Knaben! Als die Wölfin mich auftauchen sah, ist sie sofort geflohen … Jetzt haben meine Frau Larentia und ich zwei Jungen, Zwillinge!« Der Freund: »Hast du gesagt, dass ihr Zwillinge habt?« Faustulus: »Ja.« Der Freund: »Ist es wahr, dass du Zwillinge gerettet und nach Hause gebracht hast?« Faustulus: »So ist es.« Der Freund: »O Faustulus, du und deine Larentia, ihr seid in großer Gefahr! Hast du etwa nicht gehört, dass Rea Silvia, die Tochter des Königs, Zwillinge geboren hat? Hast du etwa nicht gewusst, dass der König Amulius befohlen hat, jene Zwillinge in den Tiber zu werfen, damit sie den Tod fänden? Hüte dich, hütet euch vor dem Zorn des Königs!«

11,1,1 Hirte: gregem custodivi; vita pastorum; vita cum pecudibus.

11,1,2 Lupa duos pueros nutrit. Romulus und Remus.

11,1,3 Faustulus nimmt die Kinder an sich und bringt sie nach Hause. Gespräch mit Larentia, was mit ihnen zu tun sei. Beschluss, die Zwillinge aufzuziehen.

11,1,4 Er kann gar nicht glauben, was Faustulus ihm erzählt hat und dass dem Hirten nicht klar ist, in welcher Gefahr er sich befindet.

11,1,5 König Amulius ließ die Zwillinge, die Rea Silvia gebar (Ream Silviam, filiam regis, geminos peperisse), im Tiber aussetzen, damit sie stürben (in aquam Tiberis mitti iussisse, ut mortem obirent). Wenn er erfährt, dass Faustulus und Larentia sie aufziehen, wird es für sie beide sehr gefährlich (iram regis).

11,2 portaverunt, prohibuit, complevimus, apparuit, duxisti, fui, equitavisse, iurgavisti, misistis, stupui, scivisti, invasit, fuimus, compleverunt, fuisse, dixi, audiverunt, debuisse, putavi, custodivit, iussi, debuimus, misisse, fuistis.

11,3 equitat, vigilas, placere, ducis, fatigant, scimus, comples, estis, sum, dicunt, docere, mittit, custoditis, doleo, iactat, cupiunt, invadunt, dicere, iubeo, sumus.

11,4 ambulavisse – timuisse – apparuisse; audivisse; portavisse; curavisse – educavisse.

11,5 interdum, latus, novus, frigidus, clamor, stultus, dormire, complere, mater, servus, infestus, laudare, vacare, dies, salus, postea/post, sedulus, parvus.

11,6 (Quintus' Tafel): saepe, primo, tamen, vere, interdum, postea, maxime, iterum, etiam, plerumque, olim. (Tiberius' Tafel): bene, cras, ita, domum, hic, ubique, illic, mox, hodie, diu, subito, valde, postridie.

11,7 Richtig: 1; 3; 4; 6; 8.

11,8 Romulus befestigte den Palatin mit einer Mauer. (Die Überreste der neuen Stadt können wir noch heute auf dem Palatin betrachten.) Dann befahl der König den Römern, Tempel zu bauen. Denn er wünschte, dass die neue Stadt nicht nur den Menschen, sondern auch den Göttern am Herzen liege. Romulus rief auch einige tüchtige Männer, die er Senatoren nannte, in einen Senat. Noch vieles andere richtete er in der Stadt gut ein. Deswegen nannten die Römer nach dem Tod des Königs Romulus »Vater des Vaterlandes«. Später jedoch haben viele Menschen Romulus getadelt, dass er seinen Bruder Remus erschlagen hat. Sie sagten nämlich, dass die Götter den Tod des Remus mit Bürgerkriegen bestraft hätten.

11,8,1 Palatium muro munivit; templa aedificare iussit; novam urbem deis curae esse cupivit; nonnullos viros bonos in senatum vocavit, senatores appellavit; multa alia in urbe bene instituit.

11,8,2 Absicherung der Stadt, Religion, Politik u.a.

11,8,3 Tum; nam; etiam; -que.

11,8,4 Sed.

12,1 Der Sklave Androclus führte in der Provinz Africa ein hartes Leben. Weil er seinen grausamen Herrn sehr fürchtete, floh er und versteckte sich in einer in der Wildnis gelegenen Höhle. Plötzlich sah er, dass sich ein Löwe der Höhle näherte; der Löwe aber hinkte und litt große Schmerzen. Deshalb ging Androclus vorsichtig auf den Löwen zu und behandelte die Wunde. Seit dieser Zeit lebten Androclus und der Löwe gleichsam wie Freunde in der Höhle. Später wollte der Sklave nicht mehr in der Wildnis leben und kehrte in die Stadt zurück. Dort versuchte er sich vor den Beamten zu verbergen, doch Soldaten griffen Androclus auf und gaben ihn seinem Herrn zurück. Der Herr befahl Androclus im Amphitheater mit den wilden Tieren zu kämpfen.
Furchtsam betrat Androclus das Amphitheater, als sich ein großer Löwe näherte, plötzlich zögerte und stehen blieb. Der Mann und der Löwe begrüßten einander. Nachdem der Kaiser aber von der Freundschaft zwischen Androclus und dem Löwen erfahren hatte, erließ er dem Sklaven die Strafe und schenkte ihm sogar die Freiheit. Seit dieser Zeit konnten die Leute sehen, wie Androclus mit dem Löwen an der Leine durch die Stadt spazieren ging.

12,1,1 Zeile 1–4: Einleitung; Zeile 5–24: Hauptteil (Subito leonem ...); Zeile 25–Ende: Schluss (Quo ex tempore ...).

12,1,2 Der Sklave Androclus: hat ein hartes Leben (Zeile 2), hat Angst vor seinem strengen Herrn (Zeile 3), vor den Beamten (Zeile 13) und vor wilden Tieren (Zeile 17). Androclus lässt sich von dem Leid des Löwen anrühren und versorgt dessen Wunde (Zeile 7–8), freundet sich mit dem Löwen an und pflegt diese Freundschaft (Zeile 9–10, 25–28). Er zieht das Stadtleben schließlich dem Leben in Einsamkeit vor (Zeile 11–12).
Der Herr des Androclus: grausam (Zeile 3), nach der Rückkehr des Androclus verurteilt er ihn zum Tode (15–16).
Der Kaiser: sehr menschlich, ist so gerührt von der Freundschaft zwischen Androclus und dem Löwen, dass er Androclus nicht nur begnadigt, sondern ihn sogar freilässt (Zeile 21–24).

12,1,3 Realistisch: Flucht des Sklaven, Verurteilung zum Kampf in der Arena. Eher unwahrscheinlich: der gar so leicht zähmbare und freundliche Löwe.

12,1,4 Der Leser wird von der Freundschaft zwischen Androclus und dem ansonsten so wilden Löwen angerührt. Der Erzähler will die Bedeutung von Treue und Freundschaft hervorheben, die sich auch in lebensbedrohlichen Situationen bewähren können.

12,2 Nominativ Pl.: dei, vici, tui, vestri, nuntii, populi. Genitiv Sg.: dei, perniciei, castelli, diei, periculi, vici, tui, viri, nuntii, belli, populi. Dativ Sg.: perniciei, diei, cladi, virgini, urbi, vulneri, saluti. Perfekt: nuntiavi, abii, fugi, veni, duxi, cepi, dedi, timui, scivi, iussi, complevi. Imperativ: custodi, abi, veni, adi, sali. Adverb: domi, ibi.

12,3 1. sedebat, spectabat, apparuit. 2. appropinquabat, fugiebat, adiit, misit, vulneravit, adiit, redibat, necavit.

12,4 1. Der wilde Löwe brachte dem Gladiator Verderben. (Dat. incom.; Dat. finalis) 2. Der Ruhm des Romulus war für die Römer immer ein Vorbild. (Dat. com., Dat. finalis) 3. Quintus' Wohlbefinden lag seinem Onkel Cicero am Herzen. (Dat. com.; Dat. finalis) 4. Deine Hilfe war meine Rettung. (Dat. com.; Dat. finalis) 5. Iulia sagte zum Vater: »Kauf mir ein schönes Kleid, Vater!« Der Vater sagte zu Iulia: »Tut mir sehr Leid, Iulia, heute habe ich kein Geld.« (DatObj.; DatObj.; DatObj., Dat.poss.)

12,5 In scholam eo. Ich gehe in die Schule. I'm going to school.
In schola sum. Ich bin in der Schule. I'm at school.
Domum redeo e schola. Ich kehre von der Schule nach Hause zurück. I'm coming home from school. – Im Lateinischen muss man die Endungen verändern, im Deutschen wird der Artikel dekliniert.

12,6 Achilles – Achilles war der Sohn der Göttin Thetis und des Menschen Peleus. Weil die Mutter den Sohn gegen alle Verwundungen schützen wollte, tauchte sie Achilles als Kind in das Wasser des Styx.
Daher nahm Achilles später mit großem Ruhm an vielen Kämpfen teil, kämpfte im Trojanischen Krieg oft gegen die Trojaner und tötete den Trojaner Hector, ihren tapfersten Mann. Aber nach Hectors Tod beschlossen die Götter auch für Achilles das Lebensende. Paris schoss einen Pfeil in die Ferse des Achilles. An dieser Wunde starb Achilles, denn seine Mutter Thetis hatte den Jungen mit der Hand an der Ferse festgehalten, während sie den Sohn in das Wasser des Styx eintauchte. Somit war Achilles an dieser Stelle gegen Verwundungen nicht geschützt.

12,6,1 Achilles puer, aqua Stygis, calx (2x), manu tenuerat, puerum in aquam Stygis immersit, Thetis dea.

12,6,2 in aquam Stygis: Ort (wohin?) (lokal); postea: Zeit (temporal); magna cum gloria: Art und Weise (modal); saepe: Zeit (temporal); post Hectoris mortem: Zeit (temporal); in calcem Achillis: Ort (wohin?) (lokal); eo vulnere: Grund (kausal); eo loco: Ort (wo?) (lokal).

Lösungen zum Arbeitsheft

13,1 Das hölzerne Pferd – Die Griechen kämpften viele Jahre vergeblich gegen die Trojaner und konnten ihre Stadt nicht einnehmen; schon verzweifelten sie am Sieg. Da stellte Odysseus den Trojanern eine Falle: Er ließ die Griechen ein großes Pferd aus Holz bauen; da hinein setzte er die tapfersten Soldaten. Sino, einem schlauen Mann, befahl er, bei dem Pferd am Strand zu bleiben und die Trojaner zu erwarten; die anderen Griechen forderte er auf, den Strand zu verlassen und sich zu verstecken.

13,2 1. statt quod → quamquam 2. statt quamquam → cum 3. statt quod → cum 4. statt cum → quamquam. Übersetzung: 1. Obwohl Tullia oft Fehler machte, tadelte Theophilus sie nicht. 2. Jedesmal, wenn Quintus Cicero besuchte, bekam er ein gutes Essen. 3. Schon freute sich die Schar seiner Freunde und schrie, dass Remus König sei, als Romulus herbeilief und rief: »Mit sind zwölf Vögel erschienen!« 4. Obwohl Faustulus die Jungen aufzog, war er nicht ihr Vater.

13,3 censemus, *censebamus*, censuimus – *exponunt*, exponebant, exposuerunt – decipit, decipiebat, *decepit* – creditis, *credebatis*, credidistis – promitto, *promittebam*, promisi – *respondent,* respondebant, responderunt – *effugio*, effugiebam, effugi – est, *erat,* fuit – dicunt, dicebant, *dixerunt – iubes*, iubebas, iussisti.

13,4 1. regnum orbis terrarum 2. deae 3. Helenam 4. Menelai 5. Paris Helenae 6. Aethrae 7. ludorum.

13,5 1. Marcus sagte nach der Rede des Senators: »Einiges hat mir gefallen, anderes hat mit nicht gefallen.« 2. Die Götter haben es den Menschen nicht gewährt, Zukünftiges (die Zukunft) vorauszuwissen. 3. »Alles, was mein ist, trage ich bei mir.« Damit meinte er etwa: Mein Wissen, das ich im Kopf habe, ist mein wichtigster Besitz. Materielle Güter, die ich verloren habe, sind dagegen unwichtig.

13,6 1. multa stulta 2. vera sunt 3. multa 4. nonnulla; cetera.

13,7 *Imperativ*: vale, caede, eme, responde, time, bibe. *Infinitiv Präsens*: complere, manere, posse, respondere. *Infinitiv Perf.*: posuisse, fuisse, censuisse. *Ablativ*: scelere, caede, re, die, orbe, patre, fide. *Vokativ*: domine, optime, Marce. *Adverb*: ubique, optime, saepe, hodie, postridie, denique, bene, fortasse, fere. *Präposition*: de, e, prope, sine.

14,1 Laocoon und Cassandra warnen – Die Griechen hatten den Strand verlassen, Sino saß allein beim hölzernen Pferd, als die Trojaner aus der Stadt kamen, das Pferd erblickten, staunten, sahen, dass die Feinde nicht mehr da waren, und Sino deswegen befragten. Wie ihm Odysseus aufgetragen hatte, erzählte Sino, dass die Griechen nach Hause gefahren seien und das Minerva und Neptun geweihte Pferd am Strand stehen gelassen hätten. Er forderte die Trojaner auf, es in ihre Stadt zu ziehen. Aber Laocoon, der Priester Neptuns, und Cassandra, eine Tochter des Königs Priamus, warnten mit lauter Stimme davor, das zu tun. Immer wieder riefen sie, dass das Pferd der Stadt der Trojaner Verderben bringen werde, als plötzlich eine Riesenschlange am Strand erschien und allen Schrecken einflößte. Sie packte Laocoon und tötete ihn. Dieses böse Zeichen erschreckte die Trojaner. Da zögerten sie nicht mehr, das Pferd in ihre Stadt zu ziehen.

Die Aufeinanderfolge von kurzen Sätzen ohne Konnektoren in Zeile 3-4 weist darauf hin, dass die Trojaner von dem, was sie unerwartet sahen, verblüfft waren und ihre Eindrücke erst der Reihe nach verarbeiten mussten. Die unverbundene Aufeinanderfolge von Sätzen in Zeile 11-12 weist auf die Schnelligkeit hin, mit der die Geschehnisse ablaufen.

14,2 1. *Faustulus* ist keine Gestalt aus dem trojanischen Krieg. 2. *pastor* ist kein Begriff aus der Religion. 3. *geminos* ist der einzige Akkusativ Plural. 4. *servavit* ist das einzige Perf. *Faustulos pastor geminos servavit.*

14,3 *exponit*, exponebat, exposuit, exposuerat – descendis, descendebas, *descendisti*, descenderas – metuo, *metuebam*, metui, metueram – *videmus*, videbamus, vidimus, videramus – rapiunt, rapiebant, rapuerunt, *rapuerant* – succedit, succedebat, *successit*, successerat – *abeo*, abibam, abii, abieram – adiuvamus, *adiuvabamus*, adiuvimus, adiuveramus – *accipiunt*, accipiebant, acceperunt, acceperant – vincit, vincebat, *vicit,* vicerat – iaciunt, *iaciebant,* iecerunt, iecerant – *credo*, credebam, credidi, credideram.

14,4 1. Thetis 2. Apollo 3. Amor 4. Venus 5. Minerva 6. Neptunus 7. Mars. – *Homerus*

15,1 Aeneas flieht aus Troja – Nachdem die Trojaner das Pferd auf den Marktplatz der Stadt gezogen hatten, feierten sie ihren Sieg; sie sangen und waren fröhlich. Sobald die Nacht kam, schliefen sie alle sorglos. Auch Aeneas hatte mit seinen Freunden den Sieg gefeiert; er lag im Schlaf, als er mitten in der Nacht von Flammen und dem Lärm von Soldaten geweckt wurde. Er sah, dass die Feinde in die Stadt eingedrungen waren, dass Tempel und Häuser brannten. Sofort griff er zu den Waffen und wollte in den Kampf eilen. Aber unterwegs hielt ihn seine Mutter Venus auf und befahl ihm, aus der Stadt zu fliehen: »Vergebens eilst du in den Kampf und in die Gefahr, Aeneas, denn die Götter haben den Untergang Trojas beschlossen. Verlasse die Stadt! Iuppiter befiehlt dir, ein neues Vaterland zu suchen.« Aeneas gehorchte seiner Mutter und bestieg mit wenigen Gefährten sofort ein Schiff, sobald er mit Vater und Sohn Troja verlassen hatte.

15,2 1. quamquam (konzessiv) 2. ubi (temporal), ut (komparativ) 3. cum (temporal) 4. ubi (temporal) 5. quod (kausal), si (Bedingung) 6. quamquam (konzessiv) 7. quod (kausal), ubi (temporal).

1. Die Trojaner haben das Pferd nicht zerstört, obwohl Cassandra sie dazu aufgefordert hatte. 2. Sobald die Feinde die Stadt zerstört hatten, machten sich die Trojaner auf den Weg nach Italien, wie Juppiter befohlen hatte. 3. Aeneas sah schon die Küste Italiens, als ein Unwetter seine (Weiter-)Fahrt verhinderte. 4. Sobald sich das Unwetter erhob, ließ Aeneas die Schiffe zur Küste Afrikas lenken. 5. Weil Dido eine neue Stadt baute/bauen wollte, lud sie die Fremden ein, in Carthago zu bleiben: »Wenn euch die neue Stadt gefällt, könnt ihr mit uns in ihr bleiben.« 6. Obwohl Aeneas Dido liebte, gehorchte er dennoch Juppiter und verließ Afrika. 7. Weil Dido Aeneas liebte, war sie, als Aeneas Carthago verlassen hatte, traurig und zornig.

15,3 (hora, cras, postridie,) ante, dies, diu, hodie, iam, interdum, mox, nondum, non iam, nox, nunc, olim, post, primo, prius, saepe, subito, tum.

15,4 *Nominativ*: finis, is, quis, navis. *Genitiv*: virtutis, finis, cladis, roboris, navis, gentis, itineris. *Dativ/Ablativ*: divitiis, servis, vicis, timidis. *2. Person Sg.*: invenis, quaeris, scis, audis, aperis, is. *2. Person Pl.*: vixistis, itis, istis, retinetis. *Adverb*: satis.

15,5 (amicus, homo, latro,) amica, ancilla, dominus, faber, femina, frater, geminus, hospes, hostis, magister, mercator, mulier, pastor, puer, puella, regina, rex, sacerdos, senator, socius, uxor, vicinus, vir.

15,6 Richtig sind die Aussagen 1c, 2b, 3b, 4c, 5c, 6a.

16,1 Aeneas steigt in die Unterwelt hinab – Nachdem Aeneas Dido verlassen hatte, steuerte er mit seinen Schiffen die Küste Italiens an. Dort beschloss er, in die Unterwelt hinabzusteigen, weil die Prophetin Sibylle ihn aufgefordert hatte, die Seele seines Vaters Anchises aufzusuchen: »Der wird dir den Weg ins neue Vaterland verkünden.« Nachdem Aeneas mit Sibylle durch finstere Gegenden gewandert war, traf er endlich die Seele des Anchises an. Vergeblich versuchte er, sie zu umarmen; den Schatten des Vaters konnte er nicht fassen. Nachdem dieser dem Sohn viel von zukünftigen Kämpfen erzählt hatte, zeigte er ihm die Seele des Romulus, des zukünftigen Gründers der Stadt Rom; er zeigte ihm schließlich die Seele des Kaisers Augustus: »Dieser Mann, aus deinem Stamm geboren, wird einst im Erdkreis das Goldene Zeitalter mit Eintracht und Frieden begründen.« Dann fuhr Aeneas weiter nach Latium, wie ihm die Götter befohlen hatten.

Nach antiker Vorstellung ist die Seele eines Verstorbenen, die sich in der Unterwelt befindet, ein Schatten ohne stofflichen Körper; andererseits kann sie reden, denken und sich mit Besuchern aus der Oberwelt unterhalten. Sie kann Besuchern sogar Zukünftiges voraussagen.

16,2 1. Signum a Sinone Graecis datum est. 2. Venus Aeneam in itinere retinuit. 3. Graeci Troiam deleverunt. 4. Vina a mercatoribus magna voce laudabantur. 5. Vilicus a domino vituperatur. 6. Muri alti a Romanis aedificati erant.

16,3 1. Mit ihren Freunden saßen Romulus auf dem Palatin, Remus auf dem Aventin und beobachteten die Vögel, denn sie wollten die Sache durch ein Augurium entscheiden. 2. Später kämpften die Brüder mit Waffen; die Römer erschraken sehr über diesen Streit der Brüder. 3. Am Tag der Spiele kamen die Sabiner mit Frauen und Kindern nach Rom und sahen sich mit großer Freude die Spiele an, als plötzlich die sabinischen Mädchen von den römischen Männern geraubt wurden. 4. Die sabinischen Eltern flohen zornig aus der Stadt. 5. Weil er mit großem Ruhm regiert hatte, wurde Romulus nach seinem Tode Vater des Vaterlandes genannt.

Abl. loc.: in Palatio, in Aventino; *Abl. temp.*: die ludorum; *Abl. soc.*: cum amicis; cum uxoribus liberisque; *Abl. sep.*: ex urbe fugerunt; *Abl. instr.*: augurio disceptare, armis certare; *Abl. mod.*: magno cum gaudio, magna gloria; *Abl. causae*: ea controversia

16,4 1. habere 2. respondere 3. bellum 4. credere 5. dare 6. laudare 7. scire 8. invenire 9. addere 10. tacere 11. colligere 12. vigilare 13. calidus 14. retinere 15. effundere 16. desinere. *Homerus, Vergilius*

16,5 Venite Romam armati, facite pacem cum Romanis, nam amamus maritos Romanos.

17,1 Menenius ermahnt das Volk zur Eintracht – Einst war der römische Staat durch einen Streit der Menschen in großer Gefahr. Denn die Patrizier besaßen alle Äcker und Reichtümer, das einfache, von Schulden geplagte Volk hatte keine Hoffnung mehr. Daher beschloss das Volk, Rom zu verlassen. Die bewaffneten Männer schlugen mit Frauen und Kindern auf dem nächsten Hügel ein Feldlager auf. Die dadurch erschreckten Patrizier berieten sich: »Wir sind in großer Gefahr, denn wir wissen, dass die Stadt ohne plebejische Soldaten nicht verteidigt werden kann.« Deswegen wurden einige Senatoren ins Lager der Plebejer gesandt; einer von ihnen, Menenius Agrippa, erzählte auf Bitten der Patrizier hin den Plebejern etwa folgende Geschichte: »Einst hörten die Glieder des Körpers auf zu arbeiten und dem Magen Essen herbeizubringen. »Der Magen lebt immer gut durch unsere Arbeit, doch er selbst arbeitet nicht. Wenn wir aufhören, ihn zu bedienen, wird auch der Magen gezwungen zu arbeiten.« So taten sie. Aber bald wurde die Kraft des ganzen Körpers nach und nach geschwächt.« Dann sagte Menenius: »Seht ihr nicht, Bürger, dass auch wir Römer, gewissermaßen ein einziger Körper, ohne Eintracht aller Glieder nicht stark sein können?« Von dieser Rede beeindruckt kehrte das römische Volk in die Stadt zurück.

1. Mit *corpus* ist der ganze römische Staat gemeint; mit *venter* die Gruppe der Patrizier, mit *membra* die Plebejer. 2. Die Vorstellung eines »Körpers« ist auf eine Republik nicht anwendbar. In einem menschlichen Körper ist jedem Teil des Körpers von der Natur eine bestimmte Aufgabe zugeteilt, die er allein erfüllen kann. – Zu einer Republik schließen sich grundsätzlich gleichberechtigte Bürger zusammen; es gibt keine unabänderlich festgelegte Verteilung von Vorrechten und Aufgaben im Staat.

17,2 *it*: er (sie, es) geht – *itis*: ihr geht – *id*: es/das – *eas*: sie/diese – *iit*: er ist gegangen – *istis*: ihr seid gegangen – *ii*: 1. ich bin gegangen 2. diese – *i*: geh! – *iis*: diesen/ihnen – *ea*: diese/sie; durch sie – *eo*: 1. ich gehe 2. durch den/das.

17,3 1. Paris schenkte Venus den goldenen Apfel, *als er ihn von Merkur erhalten hatte*. 2. Der *von Helena geschriebene* Brief gefiel Paris. 3. Zuerst freute sich Helena, aber später, *als sie nach Troja entführt worden war,* bereute sie es. 4. Der *am Strand allein zurückgelassene Sino* erzählte viele Lügen. 5. Das Pferd erfüllte Cassandra mit Furcht, *als es auf den Marktplatz der Stadt gezogen worden war*. 6. Menelaus war es sehr unangenehm, *als er von Odysseus an der Antwort gehindert wurde*. 7. *Vom Elend gezwungen* verließ das Volk die Stadt. 8. *Nachdem Menenius zum Volk geschickt worden war*, bewegte er die Plebejer mit einer Fabel zur Eintracht.

17,4 *Nominativ m.f.*: ludus, virtus, murus, impius, nuntius, hortus. *Nom./Akk. n.*: corpus, vulnus, munus, tempus. *Dat./Abl. Pl.*: hominibus, vulneribus, diebus. *1. Person Pl.*: flevimus, invenimus, amamus, movimus. *Partizip Perf. Passiv*: victus, promissus, amatus, inceptus, apertus.

17,5 Richtige Antworten sind: 1b; 2b; 3a; 4b; 5b; 6b.

18,1 Hannibal, der Feldherr der Karthager, lebte nach dem Krieg, den er mit den Römern geführt hatte, in Asien, da er von seinen Mitbürgern ins Exil geschickt worden war. Dort traf er einmal, wie Livius erzählt, auf P. Cornelius Africanus, der als Gesandter nach Asien gekommen war, und hatte mit ihm ein Gespräch, in dem etwa Folgendes gesagt wurde: SCIPIO: Sag, Hannibal, wer ist der größte Heerführer? – HANNIBAL: Alexander, der Makedonenkönig, weil er mit wenigen Soldaten die größten Armeen der Feinde besiegt hat. – SCIPIO: Da hast du Recht, Hannibal. Wer ist deiner Meinung nach hinter Alexander der Zweite? – HANNIBAL: Pyrrhus, ein griechischer König, weil er als Erster seine Truppen Feldlager bauen lehrte. – SCIPIO: Nun sag, Hannibal, wer ist der Dritte? – HANNIBAL: An die dritte Stelle setze ich mich selber, Scipio. Da lachte Scipio, wie Livius erzählt, und fragte: »Was würdest du sagen, wenn du mich besiegt hättest?« Da habe Hannibal geantwortet: »Dann würde ich mich noch vor Alexander und Pyrrhus stellen.«

Es fällt auf, dass sich die beiden ehemaligen Todfeinde mit Höflichkeit und Hochachtung behandeln. Wenn Hannibal sich für den Fall, dass er über Scipio gesiegt hätte, an die Spitze aller genannten Feldherren stellt, reiht er unausgesprochen damit auch seinen Gegner Scipio in die Gruppe der überragenden Heerführer ein.

18,2 *Subjekte*: Scipio, nemo, dei, viri strenui. *Akkusativobjekte*: rem Romanam, Carthaginem, id imperium petere. *Dativobjekt*: populo Romano. *Adv. Best.*: e gente Cornelia, in Hispania, e periculo, (Carthaginem *auch als*

Richtungsakk. möglich), itaque, saepe, post cladem. *Part. coniunctum*: acceptam. *Prädikate*: faverunt, vicit, audebat, servaverunt.

1. Viri strenui e gente Cornelia rem Romanam saepe post cladem acceptam servaverunt.
2. Dei populo Romano faverunt; itaque Scipio Carthaginem in Hispania vicit.
3. Nemo id imperium petere audebat.
1. Tüchtige Männer aus dem Stamm der Cornelier haben oft nach einer erlittenen Niederlage den römischen Staat gerettet.
2. Die Götter standen dem römischen Volk bei; deshalb besiegte Scipio Carthago in Spanien.
3. Niemand wagte, sich um dies Kommando zu bewerben.

18,3 Besucher, von visitare – Nachfolger, von succedere – Lobredner, von laudare – Verkäufer, von vendere – Befreier, von liberare – Retter/Befreier, von vindicare – Sünder, von peccare – Geschäftsmann, von negotium – Räuber (Beutemacher), von praeda – Krieger, von bellum.

18,4 Ad senatores. Cavete! Carthago in magno periculo est. Scipio ex Italia cum multis militibus in Africam navigat. Mittite mihi multas naves. Ego vobis auxilio venio.

An die Senatoren: Vorsicht! Carthago ist in großer Gefahr. Scipio segelt mit vielen Soldaten aus Italien nach Africa. Schickt mir viele Schiffe. Ich komme euch zu Hilfe.

19,1 An dem Tage, an dem neue Volkstribunen gewählt wurden, meldete man viele unheilvolle Vorzeichen. Unter anderem weigerten sich die heiligen Hühner zu fressen. In einem Helm, den Tiberius zu Hause aufbewahrte, hatten Schlangen ihre Eier gelegt. Tiberius ging, ohne durch diese Zeichen erschreckt zu sein, mit seinen Freunden aufs Marsfeld. Dort riefen die Tribunen das Volk schon zur Abstimmung auf, als plötzlich gemeldet wurde, dass Senatoren mit bewaffneten Sklaven in der Stadt gesehen worden seien und dass sie auf das Marsfeld eilen würden. Tiberius erschrak vor dieser Gefahr und berührte mit den Händen seinen Kopf, um seinen Freunden anzuzeigen, dass er in Lebensgefahr schwebe. Sobald die Senatoren das sahen, schrie ihr Anführer: »Da, seht! Tiberius fordert das Diadem! Er will die Königsherrschaft!« Da stürmten alle anwesenden Senatoren mit Waffen auf Tiberius und seine Freunde ein und erschlugen ihn.

1. Die Vorzeichen schufen eine unheilvolle Stimmung. Die Meldung von einem bewaffneten Aufmarsch der Senatsanhänger steigerte diese noch mehr. Die vom Anführer der Senatoren (wohl absichtlich) missverstandene Geste des Tiberius brachte die Gewalt zum Ausbruch. 2. Die missverstandene Geste des Tiberius. Der Versuch, in der römischen Republik die Alleinherrschaft als König zu erringen, galt als todeswürdiges Staatsverbrechen. 3. Wahrscheinlich nicht; aber Gerüchte und Falschmeldungen gehörten auch in Rom zu den Begleiterscheinungen unruhiger Zeiten.

19,2 Ergänze 1. suam 2. suis 3. sua; eorum 4. suas 5. sua 6. suum; eius.

1. Die Bürger verteidigen ihre Freiheit. 2. Weil das Volk von seinen Ländereien vertrieben worden war, kam es nach Rom. 3. Tiberius: »Die Bürger werden ihre Belohnungen erhalten; die Senatoren werden deren/ihre Belohnungen nicht an sich reißen.« 4. Reiche Menschen werden sich immer um ihre Angelegenheiten/ihren Besitz kümmern. 5. Tiberius fürchtete um sein Leben. 6. Cornelius besuchte sein Landgut. Auf seinem Landgut arbeiteten Sklaven.

19,3 Es wird berichtet: »Bewaffnete Senatoren werden auf das Forum kommen.« – Es wird berichtet, dass bewaffnete Senatoren auf das Forum kommen würden.

1. Iuppiter Aeneae promisit Romanis imperium totius orbis terrarum futurum esse. 2. Sibylle patrem Troianis viam securam in Italiam monstraturum esse dixit. 3. Lucius speravit: »Pater auxilio veniet.« 4. Populus Romanus unum e principibus id imperium periculosum petiturum esse speravit. 5. Lucius Tiberio P. Cornelium Carthaginem victurum esse dixit.

Übersetzung: 1. Iuppiter versprach Aeneas, dass die Römer über den ganzen Erdkreis befehlen würden. 2. Sibylle sagte, dass der Vater den Trojanern einen sicheren Weg nach Italien zeigen werde. 3. Lucius hoffte: »Der Vater wird uns zu Hilfe kommen.« 4. Das römische Volk hoffte, dass einer der führenden Männer dies gefährliche Kommando anstreben werde. 5. Lucius sagte zu Tiberius, dass P. Cornelius Carthago besiegen werde.

19,4 *Nomen im Singular*: res, dies, pernicies, pedes, miles, acies, clades, caedes, limes, fides, eques, fames. *Nomen im Plural*: naves, res, dies, virtutes, pernicies, tempestates, partes, acies, clades, caedes, fides, labores, fines. *Präsens*: praebes, es, moves, faves. *Futur*: quaeres, vinces, ages, prodes, relinques, caedes, nescies, fugies, vives.

19,5 Wen hältst du für den größten Heerführer? Ich halte Alexander für den größten Heerführer.
1. Seine Freunde riefen Romulus zum König aus. 2. Die Römer hielten Cicero für einen guten Redner. 3. Scipio wurde von einigen Bürgern für allzu jung gehalten. 4. Die Senatoren sahen Tiberius als Staatsfeind an.

20,1 Du hast recht gehandelt, lieber Bruder, deine vorbildliche Haltung wird von allen guten Staatsbürgern gelobt. Obwohl du mit höchster Vollmacht als Propraetor in Asien gewesen bist, hat dich dennoch keine Marmorstatue, kein schönes Gemälde, keine Vase, kein kostbares Kleidungsstück, keine Gelegenheit, Geld einzustecken, vom anständigen Verhalten abbringen können. Wir herrschen nämlich über Griechen, und das heißt über Menschen, in denen menschliche Gesittung nicht nur vorhanden ist, sondern von denen sie auch zu anderen Völkern gelangt ist; wir müssen sie denen gegenüber wieder erweisen, von denen wir sie erhalten haben.

1. *humanitas* ist hier: Bildung, Kultur, wozu nach Ciceros Auffassung auch anständiges und rücksichtsvolles Verhalten gegenüber Schwachen und Unterworfenen gehört.
2. Ein allmächtiger römischer Beamter konnte sich in der Provinz nicht nur mit Geld bereichern, sondern sich auch Kunstwerke aneignen. Das war zwar verboten, wurde aber nur selten kontrolliert und bestraft.

20,2 *fers*, ferebas, feres, tulisti, tuleras – aufero, *auferebam*, auferam, abstuli, abstuleram – conferimus, conferebamus, conferemus, contulimus, *contuleramus* – tollunt, tollebant, *tollent*, sustulerunt, sustulerant – *(nuntius) affertur*, afferebatur, afferetur, allatus est, allatus erat – fertis, ferebatis, feretis, *tulistis*, tuleratis – tollitur, tollebatur, tolletur, *sublatus est*, sublatus erat – confero, conferebam, *conferam*, contuli, contuleram – auferuntur, auferebantur, auferentur, *ablata sunt*, ablata erant.

20,3 1. tollere 2. afferre 3. se conferre 4. auferre 5. deferre 6. ferre 7. (e medio) tollere 8. conferre 9. ferre 10. auferre

20,4 *Gefühle*: ridere, gaudere, terrere, contentus, laetus, miser, saevus, dolere, ira, enervatus, beatus, suscensere, metuere, desiderium, lacrima, desperare.

Staat und Recht: civis, populus, eligere, comitia, patria, honor, publicus, lex, accusare, iudex, iniuria, iniuria, senator, crimen, ius, civitas, res publica, tribunus, imperium.

Bezeichnungen für Menschen: pater, ancilla, puer, amicus, servus, puella, dominus, uxor, libertus, faber, mercator, adulescens, virgo, vir, mulier, rex, sacerdos, pastor, nuntius, femina, regina.

Militär: dux, princeps, bellum, eques, pedes, acies, socius, expugnare, hostis, pax, periculum, certare, castra, ferrum, limes, castellum, signum, praeda, statio, clades.

20,5 1. triumphus 2. praenomen 3. puls 4. conubium 5. gens 6. peculium 7. insula 8. triclinium 9. rhetor 10. laconicum 11. fasces 12. latifundia 13. retiarius. – *Halb geschafft!*

21,1 Hüte dich vor den Iden des März – Caesar wurde die bevorstehende Ermordung durch viele unheilvolle Vorzeichen angekündigt. In Capua wollten die Menschen neue Häuser bauen und zerstörten deshalb alte Gräber. In dem Grab des Capys, des Gründers Capuas, fanden sie eine Tafel, auf der griechische Worte geschrieben waren: »Wenn die Gebeine des Capys gefunden werden, wird sein Nachkomme von einem seiner Angehörigen getötet werden.« Die Pferde, die Caesar den Göttern geweiht hatte, fraßen nicht mehr und hörten nicht auf zu weinen. Und der Opferschauer Spurinna sagte zu Caesar: »Hüte dich vor der Gefahr! Hüte dich vor den Iden des März!« An den Iden des März begab sich Caesar, auch wenn er lange gezögert hatte, dennoch in die Kurie und begrüßte froh Spurinna, den Opferschauer: »Die Iden des März sind da! Ich bin unversehrt!« - Aber Spurinna (antwortete): »Sie sind da, aber sie sind noch nicht vorüber.« In der Kurie warteten die Verschwörer, die nicht wollten, dass der Staat noch länger von einem Diktator verwaltet werde, bereits auf Caesar. Plötzlich griffen sie ihn an und verwundeten ihn mit ihren Dolchen. Nachdem dieser unter den Verschwörern auch Marcus Brutus gesehen hatte, rief er aus: »Auch du, mein Sohn!« und von vielen schweren Wunden geschwächt starb er.

21,2 turrim altam – maria periculosa – virorum felicium – tempora felicia – proeliis acribus – vocum acrium – sitis magnae – dolores acres – mulieris fortis – hominibus omnibus – loca omnia – negotium difficile – bello crudeli – latronum crudelium – sitim magnam – a maioribus gravibus – urbium omnium.

21,3 quid? – was?; quando? – wann?; quem? – wen?; quod – weil, dass; quo? – wohin?; quot? – wie viele?; quamquam – obwohl; quantus? – wie groß?; quidam – ein gewisser; quidem – jedenfalls; quis? – wer?; quo modo? – wie?
quisquidubiquomodoquandoquo.

21,4 transalpina.

21,5 1c; 2a; 3c; 4c; 5b; 6b; 7a; 8b; 9a; 10b; 11a.

22,1 Mercurius, der Sohn Iuppiters und der Nymphe Maia, wird am frühen Morgen geboren und von der Mutter in eine Wiege gelegt; doch schon am Mittag verlässt er heimlich seine Wiege um die Gegend zu erkunden. Unterwegs findet er eine Schildkröte; aus ihrer Schale verfertigt er eine Lyra. Dann erblickt der Junge eine seinem Bruder Apollo geweihte Rinderherde, die er zu entführen beschließt. Den Kühen verpasst er Schuhe, damit ihre Hufe keine Spuren hinterlassen. Dann versteckt er die Kühe und kehrt heimlich zu seiner Wiege zurück.
Sobald sein Bruder Apollo sah, dass seine heilige Herde entführt worden war, verdächtigte er Mercurius, trug die Wiege mitsamt dem Jungen zum Vater Iuppiter und verklagte Mercurius wegen Diebstahls, obwohl das Kind fest behauptete, die Wiege den ganzen Tag nicht verlassen zu haben. Da endlich versprach Mercurius den Bruder zur Herde zu führen. Als aber Mercurius unterwegs zur Lyra, die er verfertigt hatte, zu singen begann, war Apollo vom schönen Klang der Lyra begeistert und sagte: »Hör, Bruder! Gib du mir die Lyra und ich werde dir die Kühe schenken.« So machten es die Brüder. Dann kehrte Mercurius zur Mutter und zu seiner Wiege zurück.

22,2 adsint – adeant – tollunt – tradimini – vigilem – timentur – nescias – fugiam – eligaris – custodis – creemini – committatis – contendat – imperetur – curramus – auferatis – bibas – appelletur – apponamus – appareas – vincatis – toleramur – effunditis – cupit – sim – estis – complemus – committatur – prodest – possint – eligas.

22,3 Iuppiter befiehlt,
- dass Tantalus seine Arbeit schnell beenden soll.
- dass Tantalus keine Fehler machen soll.
- dass Tantalus nicht immer den Menschen helfen soll.
- dass Tantalus seine Schmerzen mit großer Tapferkeit ertragen soll.
- dass Tantalus nicht immer fordern soll, vom schlimmen Hunger erlöst zu werden.
- dass Tantalus den Göttern nicht Kinder als Mahl vorsetzen soll.
- dass Tantalus sich nicht immer darum bemühen soll, nach den Früchten zu greifen.
- dass Tantalus nicht immer denken soll, die Götter seien nicht weise.
- dass Tantalus dafür sorgen soll, dass die Speisen der Götter nicht an die Menschen weitergegeben werden.

22,4 timeo,
ne Cerberus me capiat; ne fame atque siti acri vexer; ne dei me numquam doloribus liberent; ne numquam conviviis deorum intersim; ne pater Iuppiter me non amet; ne a deis numquam inviter; ne deos nullo modo decipere possim.

22,5 **a)** 3.Pers.Sg.Konj.Präs.Akt.von dare – 3.Pers.Sg.Ind.Präs.Akt.von dare – 3.Pers.Sg.Ind.Perf.Akt. von dare – Imp.Sg.von dare – 2.Pers.Sg.Konj.Präs.Akt. von dare – 1.Pers.Sg.Ind.Perf.Akt. von dedere – 1.Pers.Sg.Ind.Präs.Akt. von dare – 1.Pers.Sg.Ind.Präs.Akt. von dedere – Inf.Präs.Pass. von dare.
b) 1.Pers.Sg.Ind.Präs.Akt. von ire oder Abl.Sg. von is/id – 1.Pers.Sg.Ind.Perf.Akt. von ire oder Nom.Pl. von is – Dat. oder Abl.Pl. von is, ea, id – Imp.Sg. von ire – 3.Pers.Sg.Konj.Präs.Akt. von esse – 3.Pers.Pl.Konj. Präs.Akt. von ire – 3.Pers.Pl.Ind.Imperf.Akt. von esse – 3.Pers.Pl.Ind.Plusquamperf. von esse.
c) Imp.Sg.von ferre – 3.Pers.Sg.Konj.Präs.Akt. von ferre – 3.Pers.Sg.Ind.Fut.Akt. von ferre – 2.Pers.Sg.Ind.Präs.Akt. von ferre – 2.Pers.Sg.Ind.Präs.Pass. von ferre – 1.Pers.Sg.Ind.Fut.Pass. oder 1.Pers.Sg.Konj.Präs.Pass. von ferre.

23,1 Phaedra und Hippolyt – Theseus, der König der Athener, und seine Frau Hippolyta, die Königin der Amazonen, hatten einen Sohn, der Hippolyt genannt wurde. Nach dem Tod der Königin heiratete Theseus Phaedra. Wenige Jahre später verliebte sich Phaedra in ihren Stiefsohn. Lange wurde sie von dieser

Liebe gequält; immer wieder dachte sie bei sich: »Wenn ich doch nicht immer diese frevelhafte Liebe empfände! Wenn Hippolyt mich doch nur liebte! Ach, ich Arme! Was soll ich bloß tun?« Schließlich rief Phaedra voller Hoffnung und Furcht Hippolyt zu sich und gestand ihm ihre Liebe. Dieser ergriff entsetzt die Flucht. Da sich Phaedra nun aller Hoffnung beraubt sah, nahm sie sich das Leben. Vorher jedoch hatte sie ihrem Mann Theseus einen Brief geschrieben: Sie sei, von der Schande gezwungen, aus dem Leben geschieden: Hippolyt habe ihr Gewalt angetan. – Obgleich dieser betont hatte, dass er unschuldig sei, schenkte ihm Theseus keinen Glauben. Von Zorn und Schmerz bewegt befahl er seinem Sohn, die Stadt zu verlassen, nachdem er sich an den Gott Neptun, seinen Vater, gewandt hatte: »Mein Sohn hat gegen menschliches und göttliches Recht meine Ehre verletzt. Er soll verflucht sein! Mögest du Hippolyt mit dem Tode bestrafen!« Daher tauchte plötzlich, als Hippolyt mit einem Pferdegespann am Meer entlangfuhr, aus dem Meer ein riesiger Stier auf, der von Neptun geschickt worden war; von ihm erschreckt zerrissen die Pferde Hippolyt und töteten ihn.

23,2

Cur non timeam de salute tua?	Ismene
Impero, ut Polynices insepultus *(unbestattet)* relinquatur.	Creon
Quid faciamus?	Ismene
Iram Creontis non timeamus.	Antigone
Deis pareamus.	Antigone
Timeo, ne soror mea occidatur.	Ismene
Deos oro, ut noctu id faciat.	Ismene
Cur non dolorem renovem?	Antigone
Puniatur.	Creon
Frater sepeliatur.	Antigone
Necetur.	Creon
Opto, ne capiatur.	Ismene
Potentiae regis resistamus et mori maiorum pareamus.	Antigone

23,3 Also lasst uns trinken! Wir wollen uns also freuen, solange wir noch jung sind. Ich gebe, damit du gibst. Verflucht soll er sein! Wir wissen es nicht und werden es (nie) wissen. Die Frau soll in der Kirche schweigen! Wir können nicht alle alles. Kein Buch ist so schlecht, dass es nicht in irgendeiner Hinsicht nützt. All meinen Besitz trage ich mit mir. Ein voller Bauch studiert nicht gern. Was auch immer du tust, tue es klug und denke an das Ende. Dort, wo es gut ist, ist meine Heimat. Er soll leben, wachsen, blühen!

23,4 (Pyramide) Zeile A: Eurystheus; B: Persephone; C: Eurydice; D: Dionysos; E: Thetis; F: Ulixes; G: Hera; H: Argo; I: Io.
Sphinx.

23.5 1. Ismene se feminam tam infirmam esse putat, ut sorori auxilium ferre non possit. Ismene hält sich für eine derart schwache Frau, dass sie ihrer Schwester nicht helfen kann. 2. Creon contumacia Antigonae tanta ira afficitur, ut eam morte puniat. Creon wird über Antigones Ungehorsam so zornig, dass er sie mit dem Tode bestraft. 3. Post mortem patris fratres tanta vi de regno contendunt, ut bellum civile parent. Nach dem Tod ihres Vaters streiten die Söhne mit solcher Heftigkeit um die Herrschaft, dass sie einen Bürgerkrieg anzetteln. 4. Antigone tam audax est, ut Ismene de salute eius timeat. Antigone ist derart wagemutig, dass Ismene um ihr Heil bangt.

24,1 Einst wandten sich die Einwohner Griechenlands an König Eurystheus: »Wir bitten dich, König, uns von der Furcht vor dem wilden Löwen zu befreien. Jenes Tier verwüstet unsere Felder, tötet Menschen mit großer Grausamkeit.« Da befahl der König: »Hercules soll kommen! Dieser soll euch helfen; er soll jenes schreckliche Tier fangen!« Nachdem Hercules vom König beauftragt worden war den Löwen entweder zu fangen oder zu töten, begab er sich mit Schwert, Bogen und Keule, die seine Waffen waren, in das Gebirge bei Nemea, wo der Löwe hauste. Lange suchte er ihn, schließlich fand er ihn in einem Gebirge. Er schoss Pfeile auf den Löwen – die Pfeile verwundeten ihn nicht. Er griff jenes Tier mit dem Schwert an – das Schwert zerbrach. Sobald auch seine Keule zerbrochen war, wurde Hercules klar, dass das Fell des Löwen mit Waffen nicht zu verletzen war. Deswegen griff er das Tier mit seinen Händen an und tötete es. Jenes unverwundbare Fell zog er ab; mit ihm als Schutz bestand er später in vielen Kämpfen viele Gefahren. Die Einwohner aber dankten Hercules und priesen den tapferen Mann über alle Maßen.

24,2

illam rem	manum fortem	magnum taurum	hanc urbem	turrim altam	uxorem caram	serpentem periculosam
illa res	manus fortis	magnus taurus	haec urbs	turris alta	uxor cara	serpens periculosa
illi rei	manui forti	magno tauro (Dat.)	huic urbi	turri altae	uxori carae	serpenti periculosae
illa re	manu forti	magno tauro (Abl.)	(in) hac urbe	turri alta	(cum) uxore cara	serpente periculosa
illarum rerum	manuum fortium	magnorum taurorum	harum urbium	turrium altarum	uxorum cararum	serpentium periculosarum
illas res	manus fortes	magnos tauros	has urbes	turres altas	uxores caras	serpentes periculosas
illae res	manus fortes	magni tauri	hae urbes	turres altae	uxores carae	serpentes periculosae

24,3

ars nautica motoria	Motorbootfahren	domiseda	Hausfrau
domestica bibliotheca	Hausbibliothek	extra ludum	Abseits
manu scriptus	handgeschrieben	manu factus	Handfertigung
caseus liquefactus	Käsefondue	pneumatici cummi pars prominens	Reifenprofil
sufflamen manuale	Handbremse	qui mittit	Absender
itinerum procurandorum sedes	Reisebüro	pyrobolus manualis	Handgranate
redanimatio	Wiederbelebung	nexus viarum autocineticarum	Autobahnkreuz
imaguncula Disneyana	Zeichentrickfilm	macromolecula	Makromolekül
coercitio mentis	Gehirnwäsche	dulcorans	Süßstoff
domestica vestis	Hausanzug	gelidarum sorbitionum taberna	Eisdiele
manus ictus	Händedruck		

24,4 necessary: necessarius; just: iustus, ius; exit: exire; to elect: eligere; to desire: desiderare, desiderium; to doubt: dubitare, dubius; beast: bestia; village: villa; labour: labor; master: magister; to serve: servire; famous: fama; interested: interesse; mountain: mons; fate: fatum; to resist: resistere; exercise: exercere.

24,5 1. Welche Frau betrügt ihren Mann nicht? – *Adjektivisches Fragepronomen.* 2. Ich sehe zwei Schlangen, die Hercules packt, drückt, tötet. – *Relativpronomen.* Dieser ist nicht der Sohn eines sterblichen Mannes. – *Relativischer Satzanschluss.* 3. Wer als Junge von wenigen Monaten Schlangen tötet, kann nicht der Sohn eines sterblichen Mannes sein. – *Relativpronomen.* 4. Alkmene ist immer treu. Sie ist selbst getäuscht worden. – *Relativischer Satzanschluss.* Glaube, dass dies wahr ist. – *Relativischer Satzanschluss.* 5. Dies kann ich nicht glauben. – *Relativischer Satzanschluss.* Welchen Gott soll ich jetzt anbeten? – *Adjektivisches Fragepronomen.* Wem soll ich opfern? – (*vom substantivischen Fragepronomen* quis).

25,1 Theseus und Ariadne – Nachdem Theseus, der Sohn des Königs der Athener, gesehen hatte, dass die Stadt von einem so großen Unglück heimgesucht wurde, versprach er freiwillig mit jenen bedauernswerten Kindern zu Minotaurus zu fahren um mit dem Untier zu kämpfen. Als der Vater Aegeus ihn (auf die Reise) schickte, befahl er ihm, wenn er als Sieger zurückkäme, auf seinem Schiff weiße Segel zu setzen. Nachdem Theseus nach Kreta gekommen war, verliebte sich Ariadne, die Tochter des Minos, in ihn; er versprach ihr sie zu heiraten, wenn er Minotaurus besiegt hätte. Als er dann in das Labyrinth geschickt worden war, tötete er jenes Ungeheuer und wurde mit Ariadnes Hilfe gerettet. Sie hatte ihm nämlich einen Faden gegeben, den Theseus wieder aufwickelte, sodass er den Ausgang aus dem Labyrinth finden konnte/um ... zu finden. Darauf verließ er, wie er versprochen hatte, mit Ariadne heimlich Kreta. Später jedoch dachte er, man werde ihm einen Vorwurf daraus machen, wenn er Ariadne, die Tochter des Königs der Feinde, als seine Frau in die Heimat mitbrächte. Deshalb verließ er auf einer Insel heimlich Ariadne, als diese gerade schlief, und segelte allein nach Athen. Doch da er vergessen hatte, die schwarzen Segel auszutauschen, glaubte sein Vater Aegeus, Theseus sei von Minotaurus getötet worden, und stürzte sich ins Meer; deswegen ist jenes Meer das Aegeische/die Aegeis genannt worden.

25,2 a) Wenn dies wahr wäre ... b) Wenn ich dies nicht fürchten würde ... c) Wenn der Vater (noch) leben würde ... d) Wenn ich tüchtig wäre ... e) Wenn ich ihm glauben könnte ... f) Wenn ich Widerstand leisten würde ... g) Wenn mir dies gefallen würde ... h) Wenn mir einige helfen würden ... i) Wenn ich nicht verzweifeln würde ... j) Wenn ich mich nicht täuschen würde ... k) Wenn ihr kommen würdet ... l) Wenn wir nicht zurückgelassen würden ... m) Wenn wir überlegen würden ... n) Wenn dies nicht verneint würde ... o) Wenn sie nicht gehindert würden ... p) Wenn dies bewiesen würde ... q) Wenn ihr verteidigt würdet ... r) Wenn du spazieren gehen würdest ... s) Wenn du nicht abgeschreckt würdest ... t) Wenn dies hinzugefügt würde ... u) Wenn wir den Räuber nicht anklagen würden ... v) Wenn die Götter nicht angebetet würden ... w) Wenn der Sklave das Essen brächte ... x) Wenn wir ein Landhaus bauen würden ... y) Wenn ich gelobt würde ... z) Wenn diese Aufgabe nicht so dumm wäre ...

25,3 fers – feras – feraris – ferreris – ferres – ferebas; premimus – premamus – premamur – premeremur – premeremus – premebamus; salutant – salutent – salutentur – salutarentur – salutarent – salutabant; docetis – doceatis – doceamini – doceremini – doceretis – docebatis; diligitis – diligatis – diligamini – diligeremini – diligeretis – diligebatis; mutas – mutes – muteris – mutareris – mutares – mutabas; cognoscit – cognoscat – cognoscatur – cognosceretur – cognosceret – cognoscebat; commoveo – commoveam – commovear – commoverer – commoverem – commovebam; instruunt – instruant – instruantur – instruerentur – instruerent – instruebant; audit – audiat – audiatur – audiretur – audiret – audiebat; amo – amem – amer – amarer – amarem – amabam.

25,4 1. Ein grausames Ungeheuer mit Namen Hydra, das von Iuno nach Griechenland geschickt worden war, versetzte die Menschen in Schrecken. 2. Wenn der todbringende Atem aus dem Körper des Ungeheuers entsandt wurde, tötete er alle, die sich ihm näherten. 3. Weil die Einwohner in großen Schrecken versetzt waren, baten sie Hercules, sie von dem Ungeheuer zu befreien. 4. Nachdem Hercules auf diese Weise von der Hydra bedrängt worden war, hielt er den Atem an und begann ihre Häupter mit der Keule einzuschlagen. 5. Schließlich setzte er Bäume in Brand, packte sie und brannte die Wunden aus. Das letzte Haupt der besiegten Hydra verbarg er unter einem großen Felsen.

25,5 1. Wir haben ins Bett gepinkelt, ich gebe es zu, wir haben da etwas falsch gemacht, Wirt. Wenn du fragen wirst: Warum? – Es war kein Nachttopf da. 2. Epaphra, du bist ein Glatzkopf. 3. Marcus liebt Spendusa. 4. Cornelia Helena wird von Rufus geliebt. 5. Er liebt Felicla, er liebt Felicla, er liebt Felicla. 6. Wer liebt, dem soll es gut gehen. Zugrunde gehen soll der, der es nicht versteht zu lieben.

26,1 Europa – Europa war die Tochter des Königs der Phönizier. Diese sammelte einmal Blumen auf den bei Tyros gelegenen Wiesen. Iuppiter sah die große Schönheit des Mädchens und verliebte sich sofort in sie. Er weiß aber nicht, wie er sich dem jungen Mädchen nähern könne: seine Frau Iuno ist immer so eifersüchtig! Schließlich verwandelt er sich in die Gestalt eines weißen Stiers und mischt sich unter das Weidevieh des Königs der Phönizier. Sobald Europa den Stier sieht, wundert sie sich, weil/dass er so schön und so sanft ist. Doch zuerst scheut sie sich, ihn zu berühren, bald aber geht sie auf ihn zu und reicht seinem weißen Maul Blumen dar. Und der Gott freut sich, von Liebe entbrannt; er küsst ihre Hände. Das Mädchen aber weiß nicht, wer sich ihr genähert hat, wem sie Blumen dargereicht hat und wen sie da streichelt. Schließlich wagt sie es, sich auf den Rücken des Stiers zu setzen. Dieser läuft von den Wiesen ins Meer und trägt seine Beute über das hohe Meer. Der Gott bringt Europa auf die Insel Kreta. Dort sagt er: »Sei nicht böse! Hab keine Angst! Ich bin Iuppiter!« – Später gebar Europa Minos, den künftigen König der Kreter.

26,2 1. Magister interrogat, ubi Marcus discipulus sit; ... fuerit. Magister interrogavit, ubi Marcus discipulus esset. 2. Claudia interrogat, cur amicus non veniat; ... venerit. Claudia interrogavit, cur amicus non veniret. 3. Quintus magistrum interrogat, cur Orpheus oculos retro flectat; ... flexerit. Quintus magistrum interrogavit, cur Orpheus oculos retro flecteret.

26,3 1. Tantalus: »Ne me doloribus vexaveritis!« 2. Cicero: »Ne Verri credideritis, iudices!« 3. Tiberius Gracchus: »Ne ut bestiae vixeritis, cives!« 4. Aulus patricius: »Ne me fefelleris, Luci!« 5. Camilla: »Ne bovem vendideris!«

26,4 1.

Hauptsatz	Gliedsatz 1. Ordnung	Gliedsatz 2. Ordnung
Orphei,		
	qui poeta in Thracia vivebat,	
dei hanc artem praeclaram dederant,		
	ut carminibus,	
		quae lyra canebat,
	non modo homines delectaret, sed etiam bestias, immo arbores saxaque ita moveret,	
		ut gauderent, dolerent, riderent, flerent ut homines.

2.

Hauptsatz	Gliedsatz 1. Ordnung	Gliedsatz 2. Ordnung
	Quod Eurydice,	
		dum cum amicis per prata ambulat,
	morsu serpentis laesa et statim veneno occisa est,	
tam graviter Orpheus doluit,		
	ut saevis verbis deos interrogaret,	
		quis eorum tam crudelis esset et qua de causa dei semper homines vexarent.

3.

Hauptsatz	Gliedsatz 1. Ordnung	Gliedsatz 2. Ordnung
Orpheus,		
	postquam ad portam Taenariam se contulit,	
carminibus suis Cerberum, canem trium capitum,		
	qui vigilabat ad portam,	
ita mitigavit,		
	ut virum fortem descendere ad inferos sineret.	

26,5

Englisch	Französisch	Italienisch	Spanisch	Lateinisch	Deutsch
number	le nombre	il nùmero	el número	numerus	Anzahl, Zahl
arms	l'arme	l'arma	el arma	arma	Waffen
glory	la gloire	la gloria	la gloria	gloria	Ruhm
spirit	l'esprit	lo spìrito	el espíritu	spiritus	Atem, Hauch
faith	la foi	la fede	la fe	fides	Treue
peace	la paix	la pace	la paz	pax	Friede
–	tu aimes	ami	amas	amas	du liebst
you have	tu as	hai	has	habes	du hast
–	écrire	scrìvere	escribir	scribere	schreiben
to commit	commettre	comméttere	cometer	committere	anvertrauen
to move	mouvoir	muòvere	mover	movere	bewegen
to respond	répondre	rispóndere	responder	respondere	antworten
to accept	accepter	accettare	aceptar	accipere	annehmen
to study	étudier	studiare	estudiar	studere	sich bemühen um
–	être	èssere	ser	esse	sein

18

18,1 *Übersetze in dein Heft.*

Zwei Todfeinde sehen sich zum ersten Mal

Hannibal, dux Carthaginiensium, post id bellum, quod cum Romanis fuit, a civibus suis in exilium missus in Asia vivebat. Ibi aliquando, ut Livius narrat, P. Cornelium Scipionem Africanum, qui legatus in Asiam venerat, convenit sermonemque cum eo habuit, in quo ea fere dicebantur.

Scipio: Dic, Hannibal: Quis est dux maximus?

Hannibal: Alexander, rex Macedonum, quod paucis militibus maximas hostium copias vicit.

Scipio: Bene dicis, Hannibal. Quis tua sententia post Alexandrum est secundus?

Hannibal: Pyrrhus, rex Graecus, quod primus milites suos castra facere docuit.

Scipio: Nunc dic, Hannibal: Quis est tertius?

Hannibal: Tertio in loco pono me ipsum, Scipio.

Livius narrat Scipionem risisse et interrogavisse: »Quid diceres, Hannibal, si me vicisses?« Hannibalem respondisse: »Tum me ante Alexandrum et Pyrrhum ponerem.«

Hannibal, Hannibalis: Hannibal *(Feldherr der Carthager)*
exilium: Verbannung
Livius: Livius *(röm. Geschichtsschreiber)*
legatus: Gesandter
maximus: der größte, der beste
Alexander, dri: Alexander der Große
Macedones, donum: Makedonen
copiae, arum: Truppen
sententia: Meinung
secundus: der Zweite, Zweitbeste
Pyrrhus: Pyrrhus
castra facere: ein Feldlager bauen
tertius: der Dritte, Drittbeste
locus: Stelle
me ipsum: mich selber
Quid diceres … si … vicisses: »Was würdest du sagen, wenn du … besiegt hättest«
ponerem: »Ich würde … stellen«

1. *Was fällt an der Begegnung der beiden Gegner auf? Wie gehen sie miteinander um?*
2. *Wie schätzt Hannibal in Zeile 19 Scipio als Feldherrn ein? Begründe deine Antwort.*

18,2 *Ordne die Wörter oder Wortblöcke nach ihrer möglichen Verwendung im Satz ein.*

rem Romanam – e gente Cornelia – in Hispania – e periculo – Carthaginem – Scipio – faverunt – populo Romano – vicit – itaque – nemo – saepe – audebat – dei – id – imperium petere – post cladem – servaverunt – viri strenui – acceptam

Subjekt	Akk.Obj.	Dat.Obj.	adv. Best.	PC	Prädikat

Bilde daraus drei Sätze und übersetze sie.

1. ....

....

....

2. ....

....

....

3. ....

....

....

18,3 *Wir brauchen Männer, die handeln!*

Was ist ein scriptor? *Einer, der sich aufs* scribere *versteht, ein Schreiber. Übersetze das Substantiv und nenne das Wort, von dem du es abgeleitet hast.*

visitator .... successor ....

laudator .... venditor .....

liberator .... vindicator ...

peccator .... *(Im christlichen Latein heißt* peccare *»sündigen«)*

Auch aus Substantiven lassen sich »Täter« ableiten:

negotiator .... praedator ....

bellator ....

18,4 *Als Hannibal nach fast zwanzig Jahren Krieg immer noch mit seinem Heer unbesiegt in Italien stand, versuchte P. Cornelius Scipio, mit einem riskanten Unternehmen die Entscheidung zu erzwingen. Hannibal erfuhr von seinem Plan und sandte an den Senat von Karthago eine dringende Botschaft, die er verschlüsselte, falls die Römer den Boten abfangen sollten:*

ads enat ore scav etecart hagoin
ma gnoper icu loests cip ioexi
taliac ummul tismi liti busina
fric amnav igatm itti temi himu
ltasn aves eg ovobi sauxi liov
enio

Die Karthager ahnten nicht, dass Hannibal, um die Römer zu verwirren, Latein geschrieben hatte und wurden durch Scipios Überraschungsschlag beinahe überrumpelt. Hättest du ihnen helfen können? Versuche die Botschaft zu entziffern. Dann schreibe sie im Klartext auf und übersetze sie.

....

....

....

....

....

....

....

....

....

....

19

19,1 *Übersetze in dein Heft.*

Eine Wahl endet in Gewalt

Als sich Tiberius Gracchus noch während seines Amtsjahres als Volkstribun zur Wiederwahl stellen wollte, was nach römischem Brauch nicht erlaubt war, brachen in Rom Unruhen aus.

Eo die, quo tribuni plebis novi creabantur, multa prodigia nuntiabantur: Inter alia pulli sacri cibum capere negaverunt. In galea quadam, quam Tiberius domi servabat, angues ova posuerant.

Tiberius prodigiis non territus cum amicis in Campum Martium iit. Ibi tribuni plebem iam ad suffragium vocabant, cum subito senatores cum servis armatis in urbe visos et in Campum Martium properaturos esse nuntiatum est. Tiberius eo periculo territus manibus caput tetigit, ut amicis se in periculo vitae esse significaret. Ubi senatores id viderunt, dux eorum clamavit: »Ecce, Tiberius diadema postulat! Regnum petit!« Tum cuncti, qui aderant, senatores Tiberium amicosque eius armis petiverunt et occiderunt.

prodigium: unheilvolles Vorzeichen
pulli sacri: die heiligen Hühner *(die im Tempel gehalten wurden und deren Fressverhalten von den Auguren beobachtet wurde)*
cibus: Futter
galea: Helm
anguis, is: Schlange
ovum: Ei
suffragium: Abstimmung

manibus tangere (Perf. tetigi): mit den Händen berühren
ut significaret: »um … anzuzeigen«
diadema (Akk. Sg.): Diadem *(Zeichen der Königswürde)*

1. *Welche Nachrichten, Gerüchte, Handlungen führen in diesem Bericht zum Ende des Tiberius? Schildere sie der Reihe nach.*
2. *Was insbesondere stachelte die Senatoren zum Mord an einem sakrosankten Volkstribunen auf?*
3. *Was meinst du: Beruhten die gemeldeten* prodigia *auf Wahrheit?*

....

....

....

....

....

19,2 *Es geht um »mein« und »sein«. Setze aus dem Kasten das passende Possessivpronomen ein.*

1. Cives libertatem .... defendent.
2. Plebs ex agris .... expulsa Romam convenit.
3. Tiberius: »Cives praemia .... obtinebunt; senatores praemia .... non rapient.«
4. Homines divites semper res .... curabunt.
5. Tiberius de vita .... timebat.
6. Cornelius praedium .... visitavit. Servi in praedio .... laborabant.

eorum – suum – eius – suam – suis – sua – sua – suas

19,3 *Übersetze.*

Nuntiatur: »Senatores armati in forum venient.« —
Senatores armatos in forum venturos esse nuntiatur.

....

....

Verwandle von der direkten Rede in den aci und umgekehrt. Übersetze dann die Sätze in dein Heft.

1. Iuppiter Aeneae promisit: »Romanis imperium totius orbis terrarum erit.«

....

2. Sibylla dixit: »Pater Troianis viam securam in Italiam monstrabit.«

....

3. Lucius speravit[1] patrem auxilio venturum esse.

....

4. Populus Romanus speravit[1]: »Unus e principibus id imperium periculosum petet.«

....

5. Lucius Tiberio dixit: »P. Cornelius Carthaginem vincet.«

....

[1] sperare: hoffen

19,4 *Auch das -es will unterschieden sein. Ordne in die Spalten ein (einige Wörter gehören in mehrere Spalten).*

quaeres – naves – vinces – res – ages – dies – virtutes – prodes – pernicies – relinques – praebes – tempestates – pedes – es – moves – miles – partes – acies – clades – faves – caedes – nescies – limes – fides – labores – fugies – vives – eques – fames – fines

Nomen Singular	Nomen Plural	Verb Präsens	Verb Futur

19,5 *Ich sehe doppelt! Da sind ja zwei Akkusative!!*

Du erinnerst dich an das Gespräch in 18,1 (S. 63).
Was sagten Scipio und Hannibal?

»Quem tu ducem maximum putas?«
»Ego Alexandrum maximum ducem puto.«

Sagten sie das wirklich so??
Übersetze die beiden Sätze.

....

....

....

....

Übersetze weiter:

1. Amici Romulum regem appellaverunt.

(habere *heißt nicht nur »haben«, sondern auch »halten für«*):

2. Romani Ciceronem oratorem bonum habebant.
3. Scipio a civibus quibusdam admodum iuvenis habebatur.
4. Senatores Tiberium Gracchum hostem habebant.

orator: Redner
admodum (Adv.): zu (sehr)

....

....

....

....

20

20,1

Dass nicht alle römischen Beamten in den Provinzen so dachten und handelten wie Verres, zeigt ein Brief, den Cicero an seinen Bruder Quintus schrieb, als dieser in der hauptsächlich von Griechen bewohnten Provinz Asia zwei Jahre lang Statthalter gewesen war.

Übersetze in dein Heft.

Menschlich mit Menschen umgehen

Bene fecisti, frater; virtus tua a cunctis bonis laudatur. Quamquam summo cum imperio propraetor in Asia fuisti, tamen te nullum signum, nulla tabula pulchra, nullum vas, nulla vestis pretiosa, nulla pecuniae condicio ab integritate deducere potuit. Imperamus enim Graecis, id est hominibus, in quibus non modo inest, sed etiam a quibus in alios populos pervenit humanitas, quam eis reddere debemus, a quibus accepimus.

summus: der höchste
signum: *hier* Marmorstatue
vas, vasis n.: Vase
pretiosus: kostbar
pecuniae condicio: Gelegenheit, zu Geld zu kommen
integritas, tatis f.: Unbestechlichkeit, Anstand
deducere: abbringen
id est: und das heißt
inesse: *hier:* vorhanden sein
pervenire: hingelangen
humanitas, tatis f.: Bildung, Humanität
reddere: zurückgeben

1. Was meint Cicero in Zeile 9 mit humanitas? *Versuche, den Begriff näher zu erläutern.*

....

....

2. Zähle die Verlockungen auf, denen ein römischer Statthalter erliegen konnte.

....

....

....

20,2 *Fülle die freien Stellen aus.*

Präsens	Imperfekt	Futur	Perfekt	Plusquamperfekt
fers				
	auferebam			
				contuleramus
		tollent		
(nuntius) affertur				
			tulistis	
			sublatus est	
		conferam		
			ablata sunt	

20,3 *Ordne jedem deutschen Satz* ferre *oder eines seiner Komposita (im Infinitiv) zu.*

1. Lass das nicht liegen, heb's auf! ....
2. Hol's doch mal her! ....
3. Tiberius begab sich sofort auf das Forum. ....
4. Die Diebe nahmen alles mit, was Wert hatte. ....
5. Die Nachricht wurde schnell überbracht. ....
6. Diesen Lärm halte ich nicht aus! ....

7. Der Kaiser ließ alle beiseite räumen, die ihm nicht gefielen. ....

8. Die Einwohner brachten alle ihre Waffen auf den Markt. ....

9. Man soll sein Schicksal nehmen, wie es kommt. ....

10. Die römischen Statthalter schämten sich nicht, Gemälde zu stehlen. ....

20,4

Nenne zu jedem der Wortfelder mindestens fünfzehn Wörter aus den ersten zwanzig Lektionen.

Gefühle: amor, odium, timere, ...

....

....

....

Staat und Recht: senator, augurium, creare, ...

....

....

....

Bezeichnungen für Menschen: mater, homo, vicinus, ...

....

....

....

Militär: miles, arma, ...

....

....

....

20,5 *Aufgepasst! Jetzt kommt die Stunde der hellen Köpfe, die unsere Informationstexte der ersten zwanzig Lektionen mit Aufmerksamkeit verfolgt haben. Und die dick umrandete Spalte enthält einen Glückwunsch zum gelungenen Abschluss der Lektion 20.*

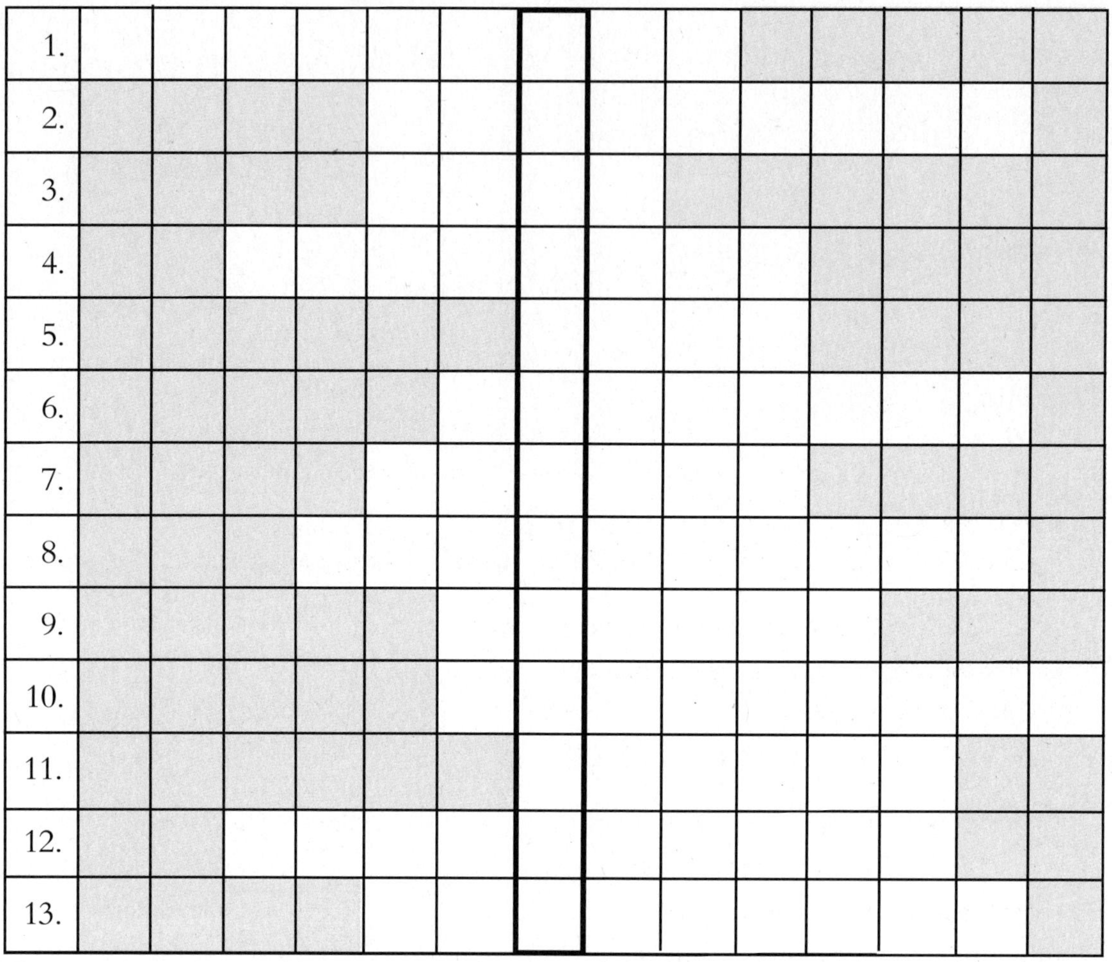

1. Wer *den* feierte, der bekam was ins Ohr geflüstert.
2. *Davon* gab's so wenige in Rom, dass nur die Jungen einen bekamen. Wieder mal typisch!
3. *Den* löffelten die armen Römer ohne Rosinen.
4. Ohne *das* war auch der tüchtigste Standesbeamte arbeitslos.
5. *Ihr* Name stand immer in der Mitte.
6. Taschengeld für Unfreie und Entrechtete.
7. Fast alle Stadtrömer wohnten *in einer*. (Komisch, gab's denn so viele davon im Mittelmeer?)
8. *Da* legte man sich lang hin, bis man satt war.
9. Ein Lehrer an weiterführenden Schulen; oft Ausländer.
10. *Da* wurde den Badegästen immer am meisten eingeheizt.
11. Bedrohliches Gerät, das von römischen Beamten mit Stolz auf der Schulter getragen wurde.
12. Übermächtige Konkurrenz der Kleinbauern.
13. In *seinem* Netz fingen sich keine Fische.

21

21,1 *Übersetze in dein Heft.*

Cave Idus Martias

Caesari futura caedes multis prodigiis nuntiata est. Capuae homines villas novas exstruere cupiverunt et ea de causa sepulcra antiqua deleverunt.

In sepulcro Capyis, conditoris Capuae, tabulam invenerunt, in qua verba Graeca scripta erant: »Cum ossa Capyis inventa erunt, prognatus eius ab uno ex suis necabitur.«

Equi, quos Caesar deis consecraverat, pabulo abstinuerunt neque flere desierunt. Et Spurinna haruspex Caesari dixit: »Cave periculum! Cave Idus Martias!«

Idibus Martiis Caesar, etsi diu dubitaverat, tamen in curiam se contulit et Spurinnam haruspicem laetus salutavit: »Idus Martiae adsunt! Incolumis sum!« – Sed Spurinna: »Adsunt, sed nondum praeterierunt.«

In curia coniurati, qui rem publicam diutius a dictatore administrari nolebant, Caesarem iam exspectabant. Subito eum adierunt, pugionibus vulneraverunt. Qui, postquam inter coniuratos etiam Marcum Brutum vidit, clamavit: »Etiam tu, mi fili!« et multis vulneribus gravibus confectus mortem obiit.

Idus Martiae f. Pl.: Iden des März (= 15. März)
prodigium: unheilvolles Vorzeichen
Capua, ae f.: *Stadt in Süditalien*
sepulcrum: Grab
Capys, yis: *Eigenname*
conditor: Gründer
os, ossis n.: Knochen
inventa erunt: sie werden gefunden
prognatus: Nachkomme
consecrare: weihen
pabulo abstinere: nicht (mehr) fressen
Spurinna: *Eigenname*
haruspex, spicis m.: Opferschauer
praeterire: vorübergehen
coniurati, orum: Verschwörer
diutius (Adv.): länger
dictator: Diktator
nolebant: sie wollten nicht
pugio, ionis m.: Dolch
Marcus Brutus: *Eigenname; er gehörte zu Caesars Freundeskreis*
mi fili: *Vokativ*
confectus: geschwächt
134 Wörter; Sueton, Div. Iulius, 81 f.

21,2 *Setze aus dem Kasten die passenden Endungen ein (es bleiben keine übrig).*

turrim alt... – mar... periculosa – virorum felic... – tempora felic... – proeliis acr... – voc... acrium – sitis magn... – dolor... acres – mulieris fort... – homin... omnibus – loca omn... – negotium difficil... – bello crudel... – latronum crudel... – sit... magnam – a maioribus grav... – urb... omnium.

-ibus; -ibus; -ium; -e; -ium; -ia; -ae; -ia; -um; -es; -is; -am; -ibus; -i; -ium; -ia; -im

21,3 *Kleine, schwer zu merkende qu- Wörter – kennst du noch alle? Verbinde.*

quid?	wer?
quando?	was?
quem?	wie viele?
quod	obwohl
quo?	wie?
quot?	ein gewisser
quamquam	jedenfalls
quantus?	wen?
quidam	wohin?
quidem	weil; dass
quis?	wann?
quo modo?	wie groß?

Wie heißen die W-Fragewörter (werwaswowiewannwohin) *auf Lateinisch?*

....

21,4 Verumne est? – *Kreuze an (nachdem du den Informationstext im Buch S.155f. gelesen hast) und schreibe die Kennbuchstaben der korrekten Antworten hintereinander; es ergibt sich der Name einer römischen Provinz.*

Verumne est	verum	falsum
Caesarem proconsulem Galliae Cisalpinae fuisse?	t	a
Vercingetorigem Caesarem vicisse?	p	r
Caesarem in Helvetios crudelem non fuisse?	b	a
Caesarem commentarios de bello Gallico scripsisse?	n	o
pecunias Caesari interdum defuisse?	s	f
Caesarem dictatorem fuisse?	a	k
Caesarem Alesiam frustra *(erfolglos)* obsedisse?	s	l
Crassum Caesarem adiuvisse?	p	b
milites Caesaris senatoribus semper paruisse?	j	i

Caesarem cum civibus Romanis bellum gessisse?	n	k
omnes senatores Caesarem amavisse?	h	a

....

21,5 *Die Römer liebten starke Schimpfwörter. Einige harmlosere findest du im Folgenden; ihre Bedeutung kannst du erschließen oder auch einfach erraten. Ein Tipp: Es ist 4 mal a, 4 mal b und 3 mal c richtig.*

1. amator: a) Ackergaul b) Pflug c) Weiberheld
2. cacator: a) Scheißer b) alte Kröte c) Scherzkeks
3. homunculus: a) Staatsfeind b) Drückeberger c) Gartenzwerg
4. impudicus: a) Fanatiker b) Affe c) Lustmolch
5. macer: a) geiler Bock b) Bohnenstange c) Angeber
6. nihili homo: a) Dreckskerl b) Nichtsnutz c) Regenwurm
7. naso: a) Zinken b) Schnecke c) Räuber
8. pestis: a) Plattfuß b) Pestbeule c) Scheißkerl
9. senex hircosus: a) alter Bock b) taube Nuss c) Drecksack
10. lacticulosus: a) Schwächling b) Milchbaby c) Mörder
11. sus: a) Sau b) Eiterbeule c) Kriecher

22

22,1 *Übersetze in dein Heft.*

Apollos kleiner Bruder

Mercurius, filius Iovis et Maiae nymphae, mane natus et a matre in cunabulis positus iam meridie clam cunabula relinquit, ut loca exploret.

In itinere testudinem invenit; e testa eius lyram facit. Tum puer vaccarum gregem Apollini fratri sacrum videt, quem abducere constituit. Vaccis soleas facit, ne ungulae vestigia relinquant. Tum vaccas occultat, clam ad cunabula redit.

Maia: *Eigenname*
nympha: Nymphe
mane natus: am frühen Morgen geboren
cunabula, orum: Wiege
meridie (Adv.): mittags
clam (Adv.): heimlich

testudo, dinis f.: Schildkröte
testa: Schale
lyra: Lyra, Saiteninstrument
vacca: Kuh
grex, gregis m.: Herde
Apollo, linis: Apollo
solea: Schuh
ungula: Huf
vestigium: Spur
occultare: verbergen

Apollo frater, ubi gregem sacrum abductum esse vidit, Mercurium suspicatus est et, quamquam puer se totum diem cunabulis non exisse contendit, cunabula cum puero ad Iovem patrem portavit Mercuriumque furti accusavit. Tum denique Mercurius se fratrem ad gregem ducturum promisit.

suspicatus est: er verdächtigte

furti (Gen.) **accusare**: wegen Diebstahls verklagen

Sed ubi Mercurius in itinere lyra, quam fecerat, canere incepit, Apollo sono pulchro lyrae affectus »Audi, frater!«, inquit, »Da mihi lyram; ego tibi vaccas dono dabo.«

lyra (Abl.) **canere**: auf der Lyra spielen
sonus: Klang
affectus: beeindruckt, begeistert

Ita fratres fecerunt. Tum Mercurius ad matrem cunabulaque rediit.

131 Wörter; nach Homer, Hermeshymnus

22,2 *Tantalus hat wieder einmal gegen die Götter gefrevelt. Daher mussten sie sich neue Qualen für ihn ausdenken:*

Zunächst muss Tantalus folgende Formen in den Indikativ bzw. Konjunktiv Präsens verwandeln. Schreibe die neuen Formen in dein Heft.

adsunt – adeunt – tollant – tradamini – vigilo – timeantur – nescis – fugio – eligeris – custodias – creamini – committitis – contendit – imperatur – currimus – aufertis – bibis – appellatur – apponimus – appares – vincitis – toleremur – effundatis – cupiat – sum – sitis – compleamus – committitur – prosit – possunt – eligis.

22,3 *Iuppiter, der zufällig vorbeikommt, ist mit dem Arbeitstempo des Tantalus ganz und gar nicht zufrieden und gibt ihm weitere strenge Anweisungen. Übersetze in dein Heft.*

Iuppiter imperat,

- ut Tantalus laborem celeriter *(schnell)* finiat.
- ne Tantalus peccet.
- ne Tantalus semper homines adiuvet.
- ut Tantalus dolores magna cum virtute ferat.
- ne Tantalus semper postulet, ut a fame acri liberetur.
- ne Tantalus pueros deis pro cena apponat.
- ne Tantalus semper contendat, ut fructus *(Akk. Pl.: die Früchte)* capiat.
- ne Tantalus semper deos sapientes non esse cogitet.
- ut Tantalus curet, ne cibi deorum hominibus tradantur.

22,4 *Tantalus freut sich gar nicht über diese Befehle und erlaubt sich wiederum einige freche Bemerkungen gegenüber seinem Vater; dieser kontert mit weiteren Aufgaben:*

Tantalus soll von seinen Unterwelterfahrungen berichten und erzählen, wovor er im Hades Angst hat. Völlig entkräftet kann er seine Ängste nur noch mit Infinitiven statt mit konjugierten Formen ausdrücken.

Hilf Tantalus, indem du die Sätze richtig umformst.

Beispiel: timeo, (saxum me necare) – Timeo, ne saxum me necet.

Timeo,

(Cerberus me capere) ....

(fame atque siti acri vexari) ....

(dei me numquam doloribus liberare) ....

(numquam conviviis deorum interesse) ....

(pater Iuppiter me non amare) ....

(a deis numquam invitari) ....

(deos nullo modo decipere posse) ....

22,5 *Nachdem Tantalus diese Aufgabe gut erfüllt hat, meint er, er könne wiederum seinen Vater Iuppiter auf die Probe stellen, und versucht ihm durch schwierige lateinische Formen zu beweisen »deos sapientes non esse« – was ihm natürlich nicht gelingt.*

Bestimme folgende »Iuppiterformen« – Vorsicht, manche sind mehrdeutig!

a) det .... dat ....

dedit .... da ....

des .... dedidi ....

do .... dedo ....

dari ....

b) eo ....

ii ....

iis .... i ....

sit .... eant ....

erant .... fuerant ....

c) fer .... ferat ....

feret .... fers ....

ferris .... ferar ....

... und so muss Tantalus weiter in der Unterwelt schwierige Aufgaben ausführen ...

23

23,1 *Übersetze in dein Heft.*

De Phaedra et Hippolyto

Thesei, regi Atheniensium, et Hippolytae uxori, reginae Amazonum, filius fuit, qui Hippolytus appellatus est.

Post mortem reginae Theseus Phaedram in matrimonium duxit. Paucis annis post Phaedra amore privigni sui incensa est. Diu eo amore vexabatur; iterum iterumque secum cogitabat: »Ne semper isto amore nefario movear! Utinam Hippolytus me amet! O me miseram! Quid faciam?«

Denique Phaedra et spe et timore affecta Hippolytum ad se vocavit et ei amorem suum confessa est. Qui horrore commotus effugit. Phaedra, omni spe deiecta, mortem sibi conscivit.

Antea autem epistulam ad Theseum maritum scripserat: Se ignominia coactam vitam deseruisse: Hippolytum sibi vim attulisse. – Cui, quamquam se innocentem esse dixerat, Theseus non credidit. Ira doloreque affectus filium suum urbem relinquere iussit, postquam Neptunum deum, patrem suum, adiit: »Filius meus contra ius fasque honorem meum laesit. Sacer sit! Utinam Hippolytum morte punias!«

Itaque cum Hippolytus equis iunctis prope mare veheretur, subito e mari taurus ingens a Neptuno missus apparuit; a quo territi equi Hippolytum distraxerunt et necaverunt.

Phaedra: *Eigenname*
Hippolytus: *Eigenname*
Theseus (Dat. Thesei): *Eigenname*
Athenienses, ium: die Athener
Hippolyta: *Eigenname*
Amazones, um: Amazonen, *kriegerisches Frauenvolk*

privignus: Stiefsohn

confessa est: sie hat eingestanden
horror: Entsetzen
deiecta (m. Abl.): beraubt
mortem sibi conscivit: sie nahm sich das Leben

innocens, ntis: unschuldig

sacer *hier*: verflucht

cum equis iunctis veheretur: als er mit einem Pferdegespann fuhr
taurus: Stier
distrahere, -traho, -traxi, -tractum: zerreißen

164 Wörter

23,2 *Zu welchen in L. 23 erwähnten Personen passen folgende Aussprüche? Ordne zu.*

Cur non timeam de salute tua?	Creon
Impero, ut Polynices insepultus (*unbestattet*) relinquatur.	Ismene
Quid faciamus?	Antigone
Iram Creontis non timeamus.	Ismene
Deis pareamus.	Ismene
Timeo, ne soror mea occidatur.	Antigone
Deos oro, ut noctu id faciat.	Creon
Cur non dolorem renovem?	Antigone
Puniatur.	Ismene
Frater sepeliatur.	Creon
Necetur.	Antigone
Opto, ne capiatur.	Antigone
Potentiae regis resistamus et mori maiorum pareamus.	Ismene

23,3 *Latein für alle Lebenslagen. Übersetze.*

Ergo *(also)* bibamus!
Gaudeamus igitur, iuvenes dum *(solange)* sumus!
Do, ut des.
Anathema *(verflucht)* sit! *(Formel für die Exkommunikation aus der katholischen Kirche)*
Ignoramus, et ignorabimus.
Mulier taceat in ecclesia *(Kirche)*!
Non omnia possumus omnes.
Nullus est liber tam malus, ut non aliqua parte *(in irgendeiner Hinsicht)* prosit.
Omnia mea mecum porto.
Plenus venter *(Bauch)* non studet libenter.
Quidquid *(was auch immer)* agis, prudenter *(klug)* agas et respice *(berücksichtige)* finem.
Ubi bene, ibi patria.
Vivat, crescat, floreat *(florere: blühen)*!

23,4 *Für Kenner der Mythologie. Trage die Lösungen in die Pyramide ein. (Auch die unvollständigen Quadrate am Rand sind auszufüllen!)*

Zeile A: König, der Hercules die zwölf Arbeiten auftrug
Zeile B: Frau des Hades
Zeile C: Orpheus versuchte, sie aus der Unterwelt zurückzuholen.
Zeile D: Griechischer Weingott
Zeile E: Mutter Achills
Zeile F: Römischer Name für Odysseus
Zeile G: Oberste griechische Göttin
Zeile H: Schiff der Argonauten
Zeile I: Zeus verwandelte diese seine Geliebte in eine weiße Kuh, um sie vor seiner eifersüchtigen Frau zu verstecken.

Wenn du die Buchstaben, die durch die Zahlen 1 bis 6 gekennzeichnet sind, aneinander reihst, wirst du feststellen, dass sich in der Pyramide ein schreckliches Ungeheuer versteckt hat …

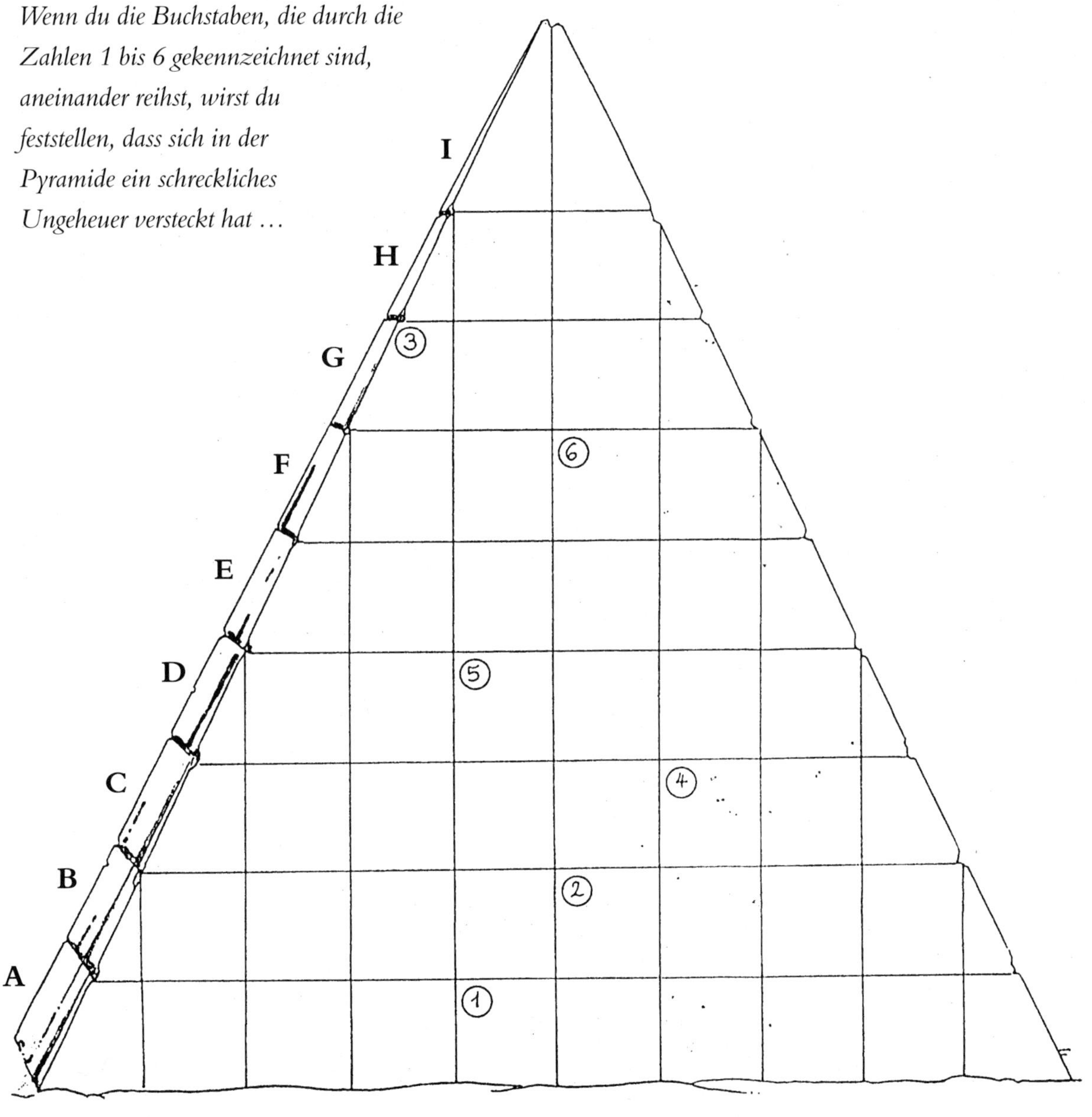

23,5 *Bilde Konsekutivsätze und übersetze sie.*

Beispiel: Fatigatus sum. → Laborare non possum: (Tam) fatigatus sum, ut laborare non possim.

1. Ismene se feminam infirmam esse putat. → Sorori auxilium ferre non potest. (tam)

....

....

2. Creon contumacia *(Ungehorsam)* Antigonae ira afficitur. → Eam morte punit. (tanta)

....

....

3. Post mortem patris fratres de regno contendunt. → Bellum civile parant. (tanta vi)

....

....

4. Antigone audax *(wagemutig)* est. → Ismene de salute eius timet. (tam)

....

....

24

24,1 *Übersetze in dein Heft.*

Hercules' erste Arbeit

Olim incolae Graeciae Eurystheum regem adierunt: »Oramus te, rex, ut nos a metu leonis saevi liberes. Bestia illa agros nostros vastat, homines magna crudelitate necat.« Tum rex imperavit: »Hercules veniat! Hic vobis auxilio sit, bestiam illam horribilem capiat!«

Hercules a rege leonem vel capere vel necare iussus se cum gladio, arcu, clava, quae ei arma erant, in Nemeaeum saltum, ubi leo habitabat, contulit. Diu eum quaesivit, tandem in monte quodam invenit.

Sagittas in leonem misit – sagittae eum non vulneraverunt. Gladio illam bestiam petivit – gladius fractus est. Ubi etiam clava fracta est, Hercules pellem leonis armis vulnerari non posse intellexit. Itaque bestiam manibus adiit et necavit.

Pellem illam invulnerabilem detraxit; hac tectus postea multis in pugnis multa pericula superavit.

Incolae autem Herculi gratias egerunt virumque fortem laudibus in caelum sustulerunt.

Eurystheus, ei: *Eigenname*

vastare: verwüsten

arcus, us m.: Bogen
clava: Keule
Nemeaeus saltus, us m.: Gebirge bei Nemea *(in Griechenland)*

sagitta: Pfeil
mittere, Perf. misi *hier*: schießen
frangere, frango, fregi, fractum: (zer)brechen
pellis, is f.: Fell; Haut

invulnerabilis, is: unverwundbar
detrahere, -traho, -traxi, -tractum: abziehen
tegere, tego, texi, tectum: bedecken; schützen

laudibus in caelum tollere: über alle Maßen preisen
129 Wörter

24,2 *Du kennst nun alle Deklinationen. Fülle die freien Kästchen so aus, dass die Wörter in jeder Zeile den gleichen Kasus und Numerus haben.*

	manum fortem					
		magnus taurus				
illi rei						
			(in) hac urbe			
				turrium altarum		
					uxores caras	
						serpentes periculosae

24,3 *Auch heute noch werden Texte in lateinischer Sprache verfasst, z.B. im Vatikan. Dabei muss vieles aus dem modernen Alltagsleben durch neu gebildete lateinische Begriffe ausgedrückt werden. Versuche zuzuordnen. (Nach: Neues Latein Lexikon, Lexicon recentis Latinitatis, Bonn 1998)*

ars nautica motoria .... domestica bibliotheca ....

manu scriptus .... caseus liquefactus ....

sufflamen manuale .... itinerum procurandorum sedes ....

redanimatio .... imaguncula Disneyana ....

coercitio mentis .... domestica vestis ....

manus ictus .... domiseda ....

extra ludum .... manu factus ....

pneumatici cummi pars prominens ....

qui mittit .... pyrobolus manualis ....

nexus viarum autocineticarum ....

macromolecula .... dulcorans ....

gelidarum sorbitionum taberna ....

Wiederbelebung – Reisebüro – Hausbibliothek – Süßstoff – Hausfrau – Händedruck – Abseits – Absender – Handgranate – Handfertigung – handgeschrieben – Hausanzug – Käsefondue – Motorbootfahren – Eisdiele – Gehirnwäsche – Makromolekül – Handbremse – Zeichentrickfilm – Reifenprofil – Autobahnkreuz

24,4 *Suche lateinische Wörter, von denen sich folgende englische Wörter ableiten lassen.*

necessary	....
just	....
exit	....
to elect	....
to desire	....
to doubt	....
beast	....
village	....
labour	....
master	....
to serve	....
famous	....
interested	....
mountain	....

fate	....
to resist	....
exercise	....

24,5 *Übersetze und gib an, in welcher Funktion das »Mehrzweckpronomen«* qui, quae, quod *jeweils steht (als Relativpronomen, als relativischer Satzanschluss, als adjektivisches oder substantivisches Fragepronomen).*

1. Amphitruo: »Quae femina maritum suum non fallit?«

....

....

2. Amphitruo: »Video duos serpentes, quos Hercules arripit, premit, necat. Qui non est filius hominis mortalis.«

....

....

....

3. Amphitruo: »Qui puer paucorum mensium serpentes necat, non filius hominis mortalis esse potest.«

....

....

4. Tiresias: »Alcumena semper fida est. Quae ipsa decepta est. Quod verum puta!«

....

....

5. Amphitruo: »Quae credere non possum. Quem deum iam adorem? Cui sacrificem?«

....

....

....

25

25,1 **Minos** (Gen. Minois) war ein mächtiger König von Kreta (**Creta**). Die Sage erzählt, dass er einmal gegen Athen Krieg führte, weil einer seiner Söhne in Athen ermordet worden war. Der König von Athen, **Aegeus**, musste beim Friedensschluss einwilligen, dass die Athener (**Athenienses**, ium) sieben Jungen und sieben Mädchen jährlich als Tribut nach Kreta senden. Dort wurden sie von **Minotaurus**, einem Ungeheuer mit Stierkopf auf einem menschlichen Körper, das in einem Labyrinth (**labyrinthus**) hauste, verschlungen. Das Schiff, das die Opfer nach Kreta brachte, segelte zum Zeichen der Trauer mit schwarzen Segeln.

Übersetze in dein Heft.

De Theseo et Ariadna

Theseus: *Eigenname*
Ariadna: *Eigenname*

Theseus, filius regis Atheniensium, ubi civitatem tanta calamitate affici vidit, sua sponte se cum illis liberis miseris ad Minotaurum iturum promisit, ut cum bestia pugnaret. Quem Aegeus pater cum mitteret, imperavit ei, ut, si victor rediret, vela candida in nave haberet.

calamitas, tatis f.: Unglück
Aegeus: *Eigenname*
candidus, a, um: weiß

Theseus, postquam in Cretam venit, ab Ariadna, Minois filia, adamatus promisit se eam in matrimonium ducturum, si Minotaurum vicisset. Tum in labyrinthum missus monstrum illud necavit et auxilio Ariadnae servatus est. Illa enim ei licium dederat, quod Theseus revolvit, ut exitum labyrinthi inveniret.

adamare: lieb gewinnen
si vicisset: wenn er besiegt hätte
labyrinthus: Labyrinth, Irrgarten
licium: Faden *(zum Knäuel aufgewickelt)*
revolvit: er wickelte (wieder) auf
exitus, us m.: Ausgang

Tum, ut promiserat, cum Ariadna Cretam clam reliquit. Postea autem cogitavit sibi opprobrio futurum esse, si Ariadnam, filiam regis hostium, uxorem in patriam duceret. Itaque in insula quadam Ariadnam dormientem clam reliquit et solus Athenas navigavit.

clam (Adv.): heimlich
opprobrium: Vorwurf
dormientem (Akk. Sg.): schlafend
Athenae, arum: Athen

Sed quod vela atra mutare oblitus erat, Aegeus pater Theseum a Minotauro necatum esse credidit et in mare se praecipitavit; ex quo illud Aegeum mare est dictum.

oblitus erat: er hatte vergessen
se praecipitare: sich stürzen

151 Wörter

25,2 *Wenn das Wörtchen »wenn« nicht wär ...*

Übersetze von a bis z in dein Heft.

a) Si hoc verum esset ... b) Nisi id timerem ... c) Si pater viveret ... d) Si strenuus essem ... e) Si ei credere possem ... f) Si resisterem ... g) Si id mihi placeret ... h) Si nonnulli me adiuvarent ... i) Nisi desperarem ... j) Nisi fallerer ... k) Si veniretis ... l) Nisi relinqueremur ... m) Si deliberaremus ... n) Nisi hoc negaretur ... o) Nisi impedirentur ... p) Si hoc demonstraretur ... q) Si defenderemini ... r) Si ambulares ... s) Nisi abhorrereris ... t) Si hoc adderetur ... u) Nisi latronem accusaremus ... v) Nisi dei adorarentur ... w) Si servus cibum afferret ... x) Si villam aedificaremus ... y) Si laudarer ... z) Nisi hoc negotium tam stultum esset ...

25,3 *Es geht dir wie Hercules, als er versucht, die unsterblichen Köpfe der Hydra zu erschlagen: Es kommen immer wieder neue zum Vorschein. Die vorgegebene Form verwandelt sich in*

- den Konjunktiv Präsens
- dann in das Passiv
- dann in den Konjunktiv Imperfekt
- dann in das Aktiv
- dann in den Indikativ

z.B.:
laudo: laudem – lauder – laudarer – laudarem – laudabam

Bilde ebenso »Hydren«.

fers ....

premimus ....

salutant ....

docetis ....

diligitis ....

mutas ....

cognoscit ....

commoveo ....

instruunt ....

audit ....

amo ....

25,4 *Beherrschst du noch die Wiedergabe von Partizipien? – Übersetze.*

1. Monstrum crudele Hydra nomine ab Iunone in Graeciam missum hominibus terrori erat.
2. Spiritus pestifer e corpore monstri missus omnes, qui appropinquabant, necabat.
3. Incolae magno terrore affecti Herculem orabant, ut se a monstro liberaret.
4. Hercules a Hydra eo modo oppressus spiritum tenebat *(hielt den Atem an)* et capita clava contundere *(mit der Keule einschlagen)* incipiebat.
5. Denique arbores inflammatas cepit et vulnera exussit *(er brannte aus).* Caput ultimum Hydrae victae sub magno saxo abdidit.

25,5 *Auch von den Römern sind uns Graffiti (Wandkritzeleien) überliefert – wie diese aus Pompeji (zit. nach K. W. Weeber, Decius war hier ... Das Beste aus der römischen Graffiti-Szene, Zürich/Düsseldorf ²2000); übersetze in dein Heft.*

1. Minximus *(wir haben gepinkelt)* in lecto, fateor *(ich gebe es zu),* peccavimus, hospes *(Wirt).* Si dices: Quare *(warum)*? Nulla matella *(Nachttopf)* fuit.
2. Epaphra *(Eigenname)*, glaber *(Glatzkopf)* es.
3. Marcus Spendusam amat.
4. Cornelia Helena ab Rufo amatur.
5. Feliclam amat, Feliclam amat, Feliclam amat.
6. Qui amat, valeat! Pereat *(perire: zugrunde gehen),* qui nescit amare.

26

26,1 *Übersetze in dein Heft.*

De Europa

Europa filia regis Phoenicum fuit. Quae aliquando flores in pratis prope Tyrum sitis collegit. Iuppiter magnam puellae pulchritudinem vidit et statim amore eius incensus est.

Phoenices, um: die Phönizier
flos, ris m.: Blume
pratum: Wiese
Tyrus: *Stadt in Phönizien*
pulchritudo, inis f.: Schönheit

Nescit autem, quo modo virgini appropinquare possit: Iuno uxor semper tam aemula est! Denique in formam tauri candidi mutatur et se iumentis regis Phoenicum immiscet.

aemulus, a, um: eifersüchtig
candidus, a, um: weiß
iumenta, orum: Weidevieh
se immiscere (m. Dat.): sich mischen unter

Taurum ubi videt Europa, miratur, quod tam pulcher tamque placidus est. Sed primo eum tangere metuit, mox adit et flores candidum ad os porrigit. Et gaudet deus amore incensus; oscula dat manibus.

miratur: sie wundert sich
placidus, a, um: sanft
porrigere, porrigo, -rexi, -rectum: darreichen
osculum: Kuss

Puella autem nescit, quis appropinquaverit, cui flores porrexerit, cui palpet. Denique in tergo tauri considere audet. Qui a pratis in mare currit et per mare altum praedam fert. Europam deus in Cretam insulam portat.

palpare (m. Dat.): streicheln
in tergo considere: sich auf den Rücken setzen
Creta: Kreta

Ibi dicit: »Ne suscensueris! Ne timueris! Ego Iuppiter sum!« – Postea Europa peperit Minoem, regem futurum Cretensium.

peperit (Ind. Perf.): sie gebar
Minos, Minois: *Eigenname*
Cretenses, ium: die Kreter
135 Wörter

26,2 *Verwandle folgende direkte Fragesätze in indirekte (gleichzeitige und vorzeitige) Fragesätze.*

1. Magister interrogat: »Ubi Marcus discipulus est?«

(Gleichzeitig): *Magister interrogat,* ....

(Vorzeitig): *Magister interrogat,* ....

(Gleichzeitig): *Magister interrogavit,* ....

2. Claudia interrogat: »Cur amicus non venit?«

(Gleichzeitig): *Claudia interrogat,* ....

(Vorzeitig): *Claudia interrogat,* ....

(Gleichzeitig): *Claudia interrogavit,* ....

3. Quintus magistrum interrogat: »Cur Orpheus oculos retro flectit?«

(Gleichzeitig): *Quintus magistrum interrogat,* ....

(Vorzeitig): *Quintus magistrum interrogat,* ....

(Gleichzeitig): *Quintus magistrum interrogavit,* ....

26,3 *Verwandle folgende finale Objektsätze in Prohibitive.*

Beispiel:

Pluto et Proserpina imperant, ne Orpheus oculos retro flectat.

Pluto et Proserpina: »Ne oculos retro flexeris, Orpheu *(Vokativ)*!«

1. Tantalus deos orat, ne se doloribus vexent.

   Tantalus: ....

2. Cicero postulat, ne iudices Verri credant.

   Cicero: ....

3. Tiberius Gracchus postulat, ne cives ut bestiae vivant.

Tiberius Gracchus: ....

4. Aulus patricius imperat, ne Lucius se fallat.

Aulus patricius: ....

5. Camilla Lucium orat, ne bovem vendat.

Camilla: ....

26,4 *Fertige zu folgenden Bandwurmsätzen ein Satzschema an wie im Lehrbuch L. 16, S. 115, Übung 8.*

1. Orphei *(Dat.)*, qui poeta in Thracia vivebat, dei hanc artem praeclaram dederant, ut carminibus, quae lyra canebat *(lyra canere: zur Harfe singen)*, non modo homines delectaret, sed etiam bestias, immo arbores saxaque ita moveret, ut gauderent, dolerent, riderent, flerent ut homines.

2. Quod Eurydice, dum cum amicis per prata *(Wiesen)* ambulat, morsu *(durch den Biss)* serpentis laesa et statim veneno occisa est, tam graviter Orpheus doluit, ut saevis verbis deos interrogaret, quis eorum tam crudelis esset et qua de causa dei semper homines vexarent.

3. Orpheus, postquam ad portam Taenariam se contulit, carminibus suis Cerberum, canem trium capitum, qui vigilabat ad portam, ita mitigavit *(mitigare: besänftigen)*, ut virum fortem descendere ad inferos sineret.

26,5 *Mit deinen Lateinkenntnissen kannst du die Bedeutung vieler englischer, französischer, italienischer und spanischer Wörter erschließen. Von welchem lateinischen Wort sind folgende Wörter jeweils abzuleiten und was bedeuten sie?*

Englisch	**Französisch**	**Italienisch**	**Spanisch**	**Lateinisch**	**Deutsch**
number	le nombre	il nùmero	el número		
arms	l'arme	l'arma	el arma		
glory	la gloire	la gloria	la gloria		
spirit	l'esprit	lo spìrito	el espíritu		
faith	la foi	la fede	la fe		
peace	la paix	la pace	la paz		
–	tu aimes	ami	amas		
you have	tu as	hai	has		
–	écrire	scrìvere	escribir		
to commit	commettre	comméttere	cometer		
to move	mouvoir	muòvere	mover		
to respond	répondre	rispóndere	responder		
to accept	accepter	accettare	aceptar		
to study	étudier	studiare	estudiar		
–	être	èssere	ser		

V&R
Vandenhoeck
& Ruprecht

ISBN 978-3-525-71049-4
9 783525 710494